ESTÁGIO SUPERVISIONADO DE INGLÊS

Coleção Linguagem na Universidade

ESTÁGIO SUPERVISIONADO DE INGLÊS • *Rosely P. Xavier*
LABORATÓRIO DE ENSINO DE GRAMÁTICA • *Maria Helena de Moura Neves e André V. Lopes Coneglian*
LEITURA E PRODUÇÃO DE TEXTOS • *Juliana de Freitas Dias*
LINGUÍSTICA APLICADA • *Ana Elisa Ribeiro e Carla Viana Coscarelli*

Coordenadores
Kleber Silva e Stella Maris Bortoni-Ricardo

Assistentes de coordenação
Paula Cobucci e Valentina Carvalho Oliveira

Proibida a reprodução total ou parcial em qualquer mídia
sem a autorização escrita da editora.
Os infratores estão sujeitos às penas da lei.

A Editora não é responsável pelo conteúdo deste livro.
A Autora conhece os fatos narrados, pelos quais é responsável,
assim como se responsabiliza pelos juízos emitidos.

Consulte nosso catálogo completo e últimos lançamentos em **www.editoracontexto.com.br**.

ESTÁGIO SUPERVISIONADO DE INGLÊS

Rosely P. Xavier

Copyright © 2023 da Autora

Todos os direitos desta edição reservados à
Editora Contexto (Editora Pinsky Ltda.)

Montagem de capa e diagramação
Gustavo S. Vilas Boas

Preparação de textos
Fernanda Guerriero Antunes

Revisão
Lilian Aquino

Dados Internacionais de Catalogação na Publicação (CIP)

Xavier, Rosely P.
Estágio Supervisionado de Inglês / Rosely P. Xavier. –
São Paulo : Contexto, 2023.
160 p.

Bibliografia
ISBN 978-65-5541-282-6

1. Prática de ensino – Língua inglesa
2. Língua inglesa – Professores – Formação
3. Língua inglesa – Professores – Estágio I. Título.

23-3116 CDD 371.3

Angélica Ilacqua – Bibliotecária – CRB-8/7057

Índice para catálogo sistemático:
1. Prática de ensino – Língua inglesa

2023

Editora Contexto
Diretor editorial: *Jaime Pinsky*

Rua Dr. José Elias, 520 – Alto da Lapa
05083-030 – São Paulo – SP
PABX: (11) 3832 5838
contato@editoracontexto.com.br
www.editoracontexto.com.br

Sumário

Apresentação 7

A ESCOLA 11
Que lugar é esse? 11

O PLANEJAMENTO 31
Planejamento de ensino 31
Planejamento de aula 34

TIPOS DE ATIVIDADES DE ENSINO-APRENDIZAGEM 51
Atividades de língua 51
Que tipo de atividade priorizar na prática docente? 68
Foco na forma 69

ELABORAÇÃO DE ATIVIDADES E UNIDADES DE ENSINO 83
Design de atividades pedagógicas 83
Princípios para o *design* de atividades 86
Design de unidades de ensino 95
Critérios para sequenciar atividades 104

A DOCÊNCIA 113
O desenvolvimento dos conteúdos e das atividades 114
Gerenciamento de sala de aula 119
Avaliação do desempenho dos alunos 131

Bibliografia comentada 145
Referências 149
A autora 153

Apresentação

Este livro convida o professor de Inglês em formação inicial a refletir sobre os conhecimentos, as competências e as habilidades necessários para exercer as atividades práticas da disciplina Estágio Supervisionado de Inglês, as quais visam, basicamente, conhecer o cotidiano de uma ou mais escolas de educação básica, construir um projeto de ensino, planejar aulas, elaborar atividades de ensino-aprendizagem e assumir a docência. No entanto, antes de prosseguir, deixo claro que o vocábulo "professor" é utilizado ao longo deste livro para se referir aos professores e às professoras, assim como outros termos que uso no masculino como forma geral de tratamento.

A proposta desta obra é construída no diálogo entre teoria e prática, pois a teoria, por si só, é vazia. É claro que ela pode transformar a consciência de um indivíduo sobre os fenômenos, mas não tem utilidade se não puder fundamentar ou ajudar no entendimento da prática docente. Da mesma forma, a prática, isoladamente, é também vazia; carrega em si a experiência, a vivência, mas, sozinha, não tem utilidade para promover a transformação consciente do indivíduo. Teoria e prática, portanto, são parceiras e ajudam a explicar os resultados de aprendizagem em sala de aula.

O Estágio Supervisionado é componente obrigatório em todos os currículos dos cursos de formação inicial de professores em nível superior e está intimamente articulado com a prática docente reflexiva: o planejar, o fazer e o agir, ações que requerem a imersão do professor aprendiz no seu contexto real de trabalho, isto é, a escola de educação básica. Conforme o Parecer do Conselho Nacional de Educação/Código Penal (CNE/CP) 28/2001, o estágio supervisionado é um tempo de aprendizagem em um período de permanência na escola e "supõe uma relação pedagógica entre alguém que já é um profissional reconhecido em um ambiente institucional de trabalho e um aluno estagiário" (Brasil, 2001: 10). É neste momento da formação profissional que o estagiário é orientado e acompanhado por um professor da área específica da instituição formadora (supervisor institucional) e um professor da escola onde o estágio é realizado (supervisor local).

Na organização curricular das licenciaturas, a disciplina Estágio Supervisionado compreende, hoje, 400 horas, que devem ser garantidas ao longo do curso com "efetiva e concomitante relação entre teoria e prática, ambas fornecendo elementos básicos para o desenvolvimento dos conhecimentos e habilidades necessários à docência" (Brasil, 2015: 11). No caso da disciplina Estágio Supervisionado de Língua Inglesa, essa carga horária pode ser fracionada em duas ou mais disciplinas de estágio, dependendo da organização curricular de cada curso de Licenciatura em Letras (Português)-Inglês, e é diluída para atender, prioritariamente, aos seguintes níveis de ensino da educação básica: ensino fundamental e médio.

Neste livro, o Estágio Supervisionado de Inglês não se limita à regência de aulas no ambiente escolar. Ao contrário, consiste no desenvolvimento de etapas que constituem as ações básicas a serem desempenhadas pelo estagiário na sua inserção efetiva no exercício da docência. Isso significa percorrer uma trajetória de trabalho analítico, vivenciado e reflexivo, iniciando com a escola e a sala de aula, que são espaços de interação social e de entendimento da prática cotidiana da profissão de professor. Um período prévio de observação, familiarização, assessoramento, participação em conselhos de classe, reuniões de pais e mestres e/ou reuniões pedagógicas como ouvinte deve fundamentar a etapa inicial deste estágio. O capítulo "A escola" visa discutir questões relacionadas a esse momento.

Ainda na trajetória analítica e reflexiva, torna-se necessário ao estagiário de Inglês construir um projeto de ensino para a turma em que vai estagiar. Isso implica compreender o importante papel do planejamento de ensino e dos planos de aula para a prática docente qualificada e direcionada aos objetivos de aprendizagem. O capítulo "O planejamento" aborda as tomadas de decisão necessárias a essa finalidade.

Para a construção de um projeto de ensino, não basta ao professor aprendiz saber planejar. Essa tarefa inclui dominar os conhecimentos e as habilidades específicos de sua área (a língua inglesa) e da metodologia a ser utilizada, isto é, a maneira como vai promover as situações de aprendizagem. O capítulo "Tipos de atividades de ensino-aprendizagem" dedica-se às concepções de língua, ensino e aprendizagem que fundamentam os exercícios, as atividades comunicativas e as tarefas de língua inglesa. O conhecimento teórico-prático apresentado visa ajudar o estagiário na análise: da abordagem de ensino, aprendizagem e avaliação do professor regente; do livro didático. Além disso, e principalmente, auxilia na reflexão sobre a própria abordagem de ensinar para poder aprimorá-la.

Sabemos que a autonomia do professor é relativa, pois em alguns contextos de ensino os conteúdos são definidos pelas apostilas que a escola adota. A própria Base Nacional Comum Curricular (BNCC) estabelece os objetos de conhecimento e as habilidades a serem desenvolvidas. Entretanto, é o professor quem decide o modo como vai ensinar e isso implica ele próprio construir atividades de ensino-aprendizagem, incluindo temas que acha relevantes no trabalho com os alunos. Assim sendo, o capítulo "Elaboração de atividades e unidades de ensino" visa suscitar reflexões acerca dos princípios teóricos e critérios básicos para o *design* e a sequência de atividades em unidades de ensino de língua inglesa na perspectiva de língua em seu contexto de uso, de linguagem como uma ação social, de ensino como oportunidades de uso comunicativo da língua inglesa e de aprendizagem como um processo holístico. Afinal, o futuro professor precisa desenvolver *expertise* na área de *design* de materiais instrucionais com e sem o apoio das tecnologias digitais para criar, adaptar, inovar, complementar e suplementar a prática docente, assim como avaliar as próprias atividades e os efeitos que elas produzem na aprendizagem dos alunos.

O exercício da docência também requer um olhar crítico do professor aprendiz sobre a própria atuação em sala de aula na perspectiva acional e atitudinal. As interações construídas com os alunos têm impacto no seu aprendizado e no seu desenvolvimento linguístico-comunicativo. O último capítulo deste livro, portanto, "A docência", trata da forma como os conteúdos e as atividades de ensino, o gerenciamento de sala de aula e o processo avaliativo podem ser desenvolvidos em parceira com os alunos.

Para o entendimento da prática pedagógica do professor de Inglês, vários campos do conhecimento precisam ser mobilizados – Educação, Linguística Aplicada, Linguística, Psicologia e Aquisição de Língua Estrangeira. É o que este livro faz, considerando que o estágio curricular de Inglês é multidisciplinar, recebendo saberes de vários afluentes teóricos para o entendimento das relações sociais e pedagógicas construídas no trabalho educativo. Esta obra, portanto, propõe reunir conhecimentos necessários para a reflexão do professor aprendiz sobre a prática docente. Boa leitura!

A escola

O objetivo deste capítulo é situar o papel da escola no estágio supervisionado curricular de língua inglesa e refletir sobre as diferenças individuais dos estudantes e professores da escola básica, assim como discutir o papel do professor de língua inglesa na formação de crianças e jovens.

QUE LUGAR É ESSE?

A escola é o lugar privilegiado da formação docente, pois é lá que se aprende a viver a profissão, sentir a realidade e os problemas, dialogar com professores, gestores e alunos, refletir sobre formas de aperfeiçoar e inovar a prática pedagógica e avaliativa e, acima de tudo, conhecer o papel social do professor.

Ouve-se muito sobre as escolas e os professores, mas, muitas vezes, o que circula são crenças e percepções que não conferem com a realidade. São reproduções de falas, como: "na escola pública os alunos não compreendem uma aula conduzida em inglês"; "aprende-se a falar inglês somente nos cursos de idiomas"; "os professores de escola pública são desmotivados para inovar" etc. Essas e outras crenças alimentam o imaginário das pessoas que constroem tais ideias sem muito fundamento e sem a compreensão devida da realidade multifacetada e complexa da escola e dos indivíduos que nela atuam.

Em um estudo sobre as percepções de estagiários de língua inglesa na sua relação com os agentes sociais da escola (professores dessa língua, alunos e administradores escolares), Xavier (2008) concluiu que, antes do estágio supervisionado, os professores aprendizes percebiam os estudantes de escola pública de forma estereotipada; no entanto, com a sua vivência nesse contexto e a sua reflexão sobre ele, puderam ressignificar a realidade, percebendo os estudantes como indivíduos que querem muito aprender, mas com conteúdos e atividades que façam sentido para as suas vidas. Inversamente, os estagiários se sentiam percebidos pelos alunos como professores que estavam ali para ajudá-los em sua aprendizagem.

A escola é o lugar da formação científica e cultural do estudante, da pluralidade e da socialização dos conhecimentos, da construção de valores no convívio com colegas da mesma idade e no desenvolvimento de sua afetividade e criticidade. Na escola, os estudantes também aprendem conhecimentos linguísticos e culturais da língua inglesa, desenvolvem habilidades linguísticas (leitura, compreensão oral, produção escrita e oral) e capacidades comunicativas nessa língua (produção, compreensão e negociação de significados). Para eles, portanto, é imprescindível que frequentem a escola. E ao professor aprendiz, é necessário que vivencie o cotidiano do seu futuro ambiente de trabalho.

É fato que a escola não é a única instância responsável pela educação, mas é ela que formalmente desenvolve uma prática educativa planejada e sistemática que possibilita aos estudantes o convívio com diferentes visões de mundo, ampliando seu horizonte de referência para o exercício da cidadania. O estágio curricular supervisionado de inglês, portanto, é uma experiência que deve acontecer nas escolas de educação básica, como preconizam as Diretrizes Curriculares Nacionais para os cursos de licenciatura. Desse modo, o ponto de partida do estagiário é conhecer a escola na qual vai estagiar.

Conhecendo a escola

As escolas são diferentes umas das outras. Se, por um lado, todas compartilham dos mesmos ideais, por outro, elas possuem identidades próprias para alcançá-los. A identidade de uma escola pode ser conhecida pelo seu Projeto Político-Pedagógico (PPP), que é um guia produzido e revisto anualmente por seus gestores com a intenção de aprimorar a aprendizagem dos estudantes. Como o nome sugere, é um documento político no sentido de compromisso com ações e práticas pedagógicas voltadas para a formação cidadã. Não se trata, portanto, de um documento burocrático, mas de uma ação mobilizadora e articuladora de ações educativas.

Basicamente, o PPP apresenta informações como a descrição e a missão da escola, dados sobre os alunos e suas famílias, indicadores de fluxo, rendimento dos estudantes, diretrizes pedagógicas, planos de ação e projetos educativos. Com base nesses elementos, é possível conhecer a organização e o funcionamento da escola, assim como as suas metas para assegurar a aprendizagem dos estudantes.

A construção de um PPP conta com a participação dos gestores escolares, professores, estudantes, pais ou responsáveis e servidores da escola. Presume-se, portanto, que a sua elaboração seja fruto de uma gestão participativa, tornando-se um instrumento democrático e aglutinador no processo de formação do estudante. É um documento aberto à consulta mediante solicitação ao diretor da escola, caso ele não esteja disponível on-line.

Outra forma de conhecer a escola é vivenciá-la no diálogo com aqueles que a constituem, e isso pode ocorrer por meio de conversas informais e entrevistas com o diretor, a coordenação pedagógica, os professores e os alunos. Visitas regulares à escola também ajudam o estagiário a conhecer os diferentes ambientes e a sua dinâmica, além dos recursos pedagógicos disponíveis e as suas normas de uso. São informações que irão subsidiá-lo no momento do planejamento das aulas.

Todos esses métodos de coleta de informações sobre a escola (documentos, entrevistas, observações *in loco*), bem como as suas diferentes fontes (direção, coordenação pedagógica, professores, alunos), ajudam o estagiário a conhecê-la em profundidade. Quanto mais nos inteiramos a respeito dela, mais nos sentimos parte de sua dinâmica, pois o conhecimento nos permite perceber as potencialidades dessa comunidade e os seus problemas para colaborarmos, direta ou indiretamente, com ações e soluções.

O Quadro 1, a seguir, apresenta alguns itens que podem ser coletados através do PPP, de entrevistas com gestores, professores e alunos e de observações *in loco*.

Quadro 1 – Possíveis itens para a coleta de informações sobre a escola

PPP da escola	Entrevistas	Observações *in loco*
• Rede de ensino; • Localização; • Estrutura física; • Composição da equipe administrativa e pedagógica; • Composição do Conselho e da Associação de Pais e Mestres; • Caracterização dos estudantes; • Taxas de evasão e abandono; • Índices de reprovação; • Dados sobre a aprendizagem dos estudantes; • Diretrizes pedagógicas; • Recursos pedagógicos; • Relação da escola com as famílias; • Planos de ação.	• Critério de agrupamento dos alunos de um mesmo ano; • Ações do professor para tratar as dificuldades de aprendizagem; • A importância do PPP para a escola; • Diagnósticos preocupantes para a escola; • Problemáticas comuns reportadas por professores e alunos; • Histórias de sucesso de professores e alunos; • Eventos que a escola realiza.	• Conservação, organização e limpeza da escola; • Estrutura física das salas de aula, dos banheiros e de outros espaços nos quais alunos e professores circulam; • Relações socioafetivas entre os alunos no recreio e entre os professores na sala de reunião; • Recursos pedagógicos disponíveis para as aulas de língua inglesa.

Cabe ressaltar que nem toda escola aceita a presença de estagiários, possivelmente pelo receio de receber algum tipo de avaliação ou crítica do olhar externo. Na maioria das vezes, são escolas particulares que não aderem ao papel de corresponsáveis pela formação docente, muito embora se beneficiem dos docentes formados e qualificados para o seu funcionamento.

Quando a escola e o professor acolhem os estagiários, todos saem ganhando, especialmente os estudantes, devido às alternativas metodológicas que os estagiários costumam trazer para a sala de aula, visando aprimorar o aprendizado da língua inglesa. O professor supervisor da instituição acolhedora também se beneficia quando tem os estagiários como parceiros no gerenciamento de sala de aula e no próprio planejamento das aulas. Os gestores, por sua vez, podem contar com a ajuda dos estagiários em projetos da escola. Afinal, eles estão na instituição não apenas para aprender sobre a prática docente, mas também para criar uma relação afetiva com o espaço escolar.

Conhecendo os estudantes

A formação de professores no Brasil está voltada para a atuação do profissional na Educação Básica em suas diferentes etapas (educação infantil, ensino fundamental e ensino médio) e modalidades (educação escolar indígena, educação especial, educação do campo, educação escolar quilombola, educação de jovens e adultos [EJA] e educação profissional). Isso não significa que o professor formado não possa atuar em outras instâncias. É o caso do professor de Inglês, que também pode trabalhar em escolas de idiomas ou abrir a própria escola física/virtual para o ensino dessa língua.

Diante de tantas possibilidades, o público-alvo varia – crianças, adolescentes, jovens adultos ou longevos –, mas, praticamente, a demanda de trabalho do professor de Inglês está nos ensinos fundamental e médio, etapas nas quais o estágio supervisionado acontece. Isso implica trabalhar com estudantes de 6 a 10 anos de idade (anos iniciais do ensino fundamental), de 11 a 14 anos (anos finais do ensino fundamental) e de 15 a 17 anos (ensino médio). São faixas etárias distintas com as quais o professor tem que lidar, além de diferentes interesses e motivações, exigindo estratégias pedagógicas variadas para atender às necessidades comunicativas específicas de cada grupo.

Conhecer os estudantes é fundamental para orientar as tomadas de decisão do professor no momento de planejar as suas aulas (conteúdos, atividades, estratégias de ensino). Também ajuda a compreender as suas atitudes e ações em sala de aula, além de oferecer dados para a compreensão de que cada estudante aprende em seu ritmo próprio em face das diferenças individuais. Uns são mais motivados do que outros; alguns utilizam estratégias de aprendizagem mais eficientes, enquanto outros têm dificuldades em utilizá-las.

Diferentes fatores individuais podem influenciar o percurso, a velocidade e o sucesso do estudante em seu processo de aprendizagem da língua inglesa. Esses fatores podem ser de ordem afetiva, pessoal e cognitiva, que não agem isoladamente, mas em diferentes configurações.

Os **fatores afetivos** correspondem às respostas emocionais dos estudantes à língua que estão aprendendo, aos conteúdos, às atividades, à metodologia do professor, às interações construídas em sala de aula, enfim, ao processo de ensino. Motivação, ansiedade, autoestima e autoconfiança são exemplos de variáveis afetivas que podem ter influência na participação e no engajamento dos estudantes. Aqueles com motivação instrumental, ou seja, que desejam aprender a língua inglesa para conseguir um emprego melhor, para viajar ou se comunicar com estrangeiros, estariam mais propensos a se engajar nas atividades, considerando a sua atitude positiva com relação ao estudo dessa língua. Em contrapartida, a alta ansiedade pode ser um obstáculo para a aprendizagem efetiva, pois há alunos que têm medo ou receio excessivo de, por exemplo, errar ou se expor perante os colegas e serem ridicularizados. Por essa razão, preferem ficar reservados para preservarem a sua autoestima.

Assim como a autoestima, a autoconfiança também está relacionada à imagem que o indivíduo constrói de si mesmo. Enquanto a primeira está associada ao gostar de si e se valorizar, a segunda consiste na confiança da pessoa em sua capacidade de aprender e realizar coisas. A baixa autoconfiança de alguns estudantes em relação a aprender a língua inglesa pode interferir na sua vontade de realizar as atividades em sala de aula – e, quando a autoestima é baixa, ele se sente intimidado e inseguro, evitando se arriscar no momento de responder aos questionamentos ou participar das correções das atividades. Cabe ao professor remediar esses problemas ao adotar uma política de incentivo, ao pacificar o medo, ao conscientizar a turma de que errar faz parte do processo de aprender, ao agradecer mesmo em situações de erro. Um exemplo: *Thanks, João, for your contribution*.

Os **fatores pessoais** referem-se aos traços de personalidade dos estudantes e podem ser classificados de acordo com a dimensão a que pertencem: Abertura às experiências (*Openness to experience*), Conscienciosidade (*Conscientiousness*), Extroversão (*Extroversion*), Agradabilidade (*Agreeableness*) e Neuroticismo (*Neuroticism*) (Matz, Chan e Kosinski, 2016). Essas dimensões e os seus traços característicos constituem a teoria da personalidade – denominada *The Big Five* –, e são aqui descritos para compreender as diferentes personalidades os estudantes.

Abertura às experiências consiste no nível de receptividade do indivíduo às novidades e distingue os curiosos e criativos daqueles mais conservadores, que preferem o usual e o familiar. Na teoria, crianças e adolescentes costumam ser mais abertos a certas abordagens de ensino, como as voltadas exclusivamente para o significado, em oposição aos adultos, que parecem sentir-se mais confortáveis com o ensino tradicional.

Conscienciosidade corresponde ao nível de autodisciplina do indivíduo e envolve, de um lado, estudantes que se preocupam em disciplinar suas ações e impulsos (+ conscienciosos) e, de outro, aqueles mais flexíveis, vistos como impulsivos, espontâneos e distraídos (- conscienciosos). Os primeiros tendem a ser organizados e, às vezes, perfeccionistas. Estudantes menos conscienciosos muitas vezes se arriscam a participar de atividades orais e de dinâmicas que estudantes mais conscienciosos não se permitiriam, por serem cautelosos. Alguns estudos mostram que as várias facetas da conscienciosidade, como "empenho" (*industriousness*), "perfeccionismo" (*perfectionism*), "organização" (*tidiness*), "prontidão" (*procrastination refrainment*), "autocontrole" (*control*), "cautela" (*caution*), "planejamento" (*planning*) e "perseverança" (*perseverance*), podem ajudar no bom desempenho escolar dos estudantes (Burrus e Brenneman, 2016: 7).

Extroversão, por sua vez, está associada à sociabilidade do estudante. Os extrovertidos podem ser descritos como indivíduos falantes, expansivos, ativos e entusiasmados, enquanto os introvertidos são mais reservados, tímidos, quietos e preferem ficar afastados. Embora a extroversão não pareça ter relação com o rendimento do estudante, ela tem implicações no comportamento. Em outras palavras, os extrovertidos podem ser penalizados pelo excesso de conversa e suas ações associadas à indisciplina. Por outro lado, eles podem ser mais bem avaliados em critérios que envolvem a participação, pois costumam tomar iniciativa em atividades de conversação.

Agradabilidade consiste na cooperação e na harmonia social e apresenta como facetas a confiança (*trust*), a moral (*morality*), o altruísmo (*altruism*), a cooperação (*cooperation*), a modéstia (*modesty*) e a simpatia (*afinidade*) (Costa e McCrae, 1992). Estudantes que costumam causar tensões e conflitos na sala de aula apresentam menor nível de agradabilidade e são suscetíveis a serem encaminhados à Direção, em oposição àqueles que buscam criar laços de afetividade e respeito com o professor e os colegas. Os primeiros são descritos como competitivos, teimosos, autoconfiantes, até mesmo agressivos, diferente dos segundos, que são mais dóceis de lidar.

Neuroticismo, por fim, compreende o nível de instabilidade emocional de um indivíduo diante das experiências negativas que vivencia. Na sala de aula, o estudante pode demonstrar diferentes emoções se é corrigido por um erro de língua, quando recebe uma nota baixa ou uma "bronca" do professor. Aqueles com baixo índice de neuroticismo reagem de forma estável, com calma e complacência, enquanto outros podem demonstrar hostilidade, intolerância e frustração.

É importante ressaltar que não existem personalidades essencialmente boas ou ruins, pois apresentar um alto ou baixo índice nos diferentes traços de personalidade tem suas vantagens e desvantagens em situações distintas. É o caso de uma pessoa com alto nível de agradabilidade, mas muito insegura quando realiza as tarefas. Em oposição, alguém com baixo índice de agradabilidade pode ser assertivo se a situação necessitar de uma rápida tomada de decisão ou de um olhar mais crítico sobre ela.

Assim como os fatores afetivos e pessoais, **fatores cognitivos** influenciam a maneira como os estudantes aprendem, a depender de seu estilo e de suas estratégias de aprendizagem. Os diferentes estilos decorrem das preferências individuais. Há estudantes mais analíticos do que outros. Uns são detalhistas quando processam um campo visual (*field-independent style*), como uma imagem ou um texto multimodal. Outros reconhecem o campo visual inteiro sem perceber os detalhes (*field-dependent style*) e podem sentir dificuldade ao visualizarem determinada informação em um texto.

Segundo Dunning (2008), existem mais de 70 teorias ou modelos que categorizam e descrevem os estilos de aprendizagem. Todos eles partem do princípio de que os diferentes estilos são positivos e úteis, e que tanto os estudantes como os professores podem se beneficiar deles para compreenderem a diversidade de perfis, uma vez que nem todos os indivíduos aprendem da mesma maneira ou pela via sensorial de preferência (visual, auditiva ou cinestésica).

Estudos como o de Lethaby e Harries (2016), mencionado nas leituras sugeridas, e o de Krätzig e Arbuthnott (2006) mostram que o processamento de uma nova informação e a sua retenção não têm relação direta com as modalidades sensoriais específicas dos alunos. Os estilos de aprendizagem indicam preferências apenas, e não são formas mais eficientes ou rápidas de se aprender uma língua estrangeira. Outros fatores estão em jogo, como interesse, atenção e conhecimento prévio dos alunos. No entanto, muitos acreditam que os estudantes aprendem melhor quando submetidos a estratégias de ensino que atendem aos seus estilos preferenciais de aprendizagem. Assim, alunos mais visuais seriam beneficiados se recebessem informações com o apoio de figuras, esquemas, gestos, mímicas, demonstrações ou objetos para a visualização; aqueles com preferência auditiva teriam maior afinidade com aulas dialogadas e atividades audiovisuais; e alunos cinestésicos apresentariam melhor desempenho se tivessem contato direto com as coisas, movimentando-se com o corpo e explorando os diferentes sentidos, como em jogos, brincadeiras e encenações. Pensar dessa forma implica ter que conhecer os estilos preferenciais de aprendizagem dos estudantes para selecionar as atividades e as estratégias de ensino mais eficazes. Essa crença, conhecida como neuromito, não procede, conforme resultados de pesquisas empíricas que relacionam ensino voltado para estilos específicos (visual, auditivo ou cinestésico) e superioridade na aprendizagem e memória (Krätzig e Arbuthnott, 2006; Rogowsky, Calhoun e Tallal, 2020).

Na condição de professor de Inglês, o que importa não é conhecer os estilos de aprendizagem dos alunos e tentar satisfazer suas preferências, mas refletir sobre e explorar os efeitos de determinadas ações metodológicas na aprendizagem dos alunos. Por exemplo, haveria algum ganho de aprendizado se os estudantes tivessem que ler e explicar as instruções das atividades apresentadas na língua inglesa em vez de o professor explicá-las? Existiria alguma diferença no aprendizado se o professor utilizasse figuras de objetos com e sem a sua identificação ortográfica em uma atividade sobre reciclagem, por exemplo? Em outras palavras, teríamos mais aprendizado lexical se as figuras viessem acompanhadas de sua informação ortográfica?

Outro fator cognitivo são as estratégias de aprendizagem que os estudantes utilizam para processar, armazenar e recuperar informações linguísticas. Alguns gostam de anotar a pronúncia; outros preferem registrar o significado das palavras desconhecidas. Há ainda aqueles que utilizam técnicas mnemônicas ao associarem uma expressão (ex.: *make me feel*) a uma regra gramatical (ex.: "*make*" não requer o uso de "*to*" em construção causativa).

Diferentes estratégias de aprendizagem são categorizadas na literatura de língua estrangeira/segunda língua na forma de tipologias, podendo enquadrar-se em estratégias cognitivas (tomar notas, traduzir, deduzir), metacognitivas (organizar informações, planejar a fala, monitorar-se), sociais (solicitar esclarecimento e confirmação), afetivas (arriscar-se, ter pensamento positivo), mnemônicas (fazer associações, representar sons na memória) e compensatórias (troca de código – *code-switching*, uso de gestos e mímica, pedir ajuda).

O uso eficaz de estratégias de aprendizagem ajuda o estudante a se tornar mais autônomo e menos dependente do professor em atividades de leitura, produção escrita, compreensão e produção oral na língua estrangeira. Alguns autores, portanto, defendem o ensino de inglês voltado para a aprendizagem de estratégias (*strategy-based instruction*). No entanto, não há evidências conclusivas de que esse tipo de ensino é eficaz para a aprendizagem de uma língua estrangeira.

No ensino baseado em estratégias, os textos são tratados como instrumento para aprender variadas estratégias de aprendizagem (*skimming, scanning, inferencing, prediction, taking notes, paraphrasing* etc.) numa perspectiva técnica, em vez de conceber o texto como uma entidade discursiva que realiza uma ação social. As atividades de compreensão e produção são práticas de treinamento para o domínio dessas estratégias. No entanto, sabemos que os textos são produzidos para diversos propósitos comunicativos e que a sua compreensão e produção devem satisfazer esses propósitos. Em outras palavras, o uso de estratégias de compreensão e produção pode ser feito naturalmente quando o ensino considera a função genuína que os textos desempenham nas práticas sociais cotidianas. Por exemplo, na atividade "Leia as embalagens de produtos alimentícios em inglês para identificar quais deles não contêm glúten", o objetivo da leitura é diferenciar os produtos com e sem glúten, o que requer a localização de informação específica no texto (*scanning*), uma estratégia de compreensão que não precisaria ser ensinada, pois os alunos já estão familiarizados com ela na língua materna. Ademais, uma possível deficiência no seu uso poderia ser compensada por outra estratégia, como a inferência.

A conjunção de todos os fatores aqui descritos (afetivos, pessoais e cognitivos) ajuda o professor a ter uma ideia da complexidade do processo de ensino-aprendizagem, pois a escola lida com a formação humana em suas variadas facetas: intelectual, social, comportamental, afetiva, cultural e ética. Por essa razão, conhecer os estudantes é um passo essencial para orientar o estagiário em suas tomadas de decisão. Do mesmo modo, é importante familiarizar-se com a abordagem de ensino do professor.

Conhecendo o professor de Inglês e a sua abordagem

Vamos partir das seguintes perguntas: O que é ser professor? O que é ensinar?

A profissão docente requer estudos especializados em cursos de licenciatura, regulamentados e fiscalizados por órgãos competentes. Nesses cursos, a teoria deve dialogar com a prática docente em constante movimento de reflexão sobre a ação pedagógica. É na relação entre teoria e prática que o ato de ensinar é concebido como uma atividade pensante em que a consciência reflexiva do professor sobre as suas ações aprimora e qualifica o processo de ensino e aprendizagem. É a consciência mobilizadora e articuladora da teoria e prática que torna o professor diferente de um instrutor de ensino, por exemplo. O instrutor repassa os conteúdos aos alunos sem muito conhecer a relação entre o saber e o fazer. É o caso de nativos da língua inglesa ou de brasileiros que residiram no país da língua-alvo contratados para dar aulas de Inglês pelo simples fato de serem proficientes nessa língua.

Ensinar não é transmitir um saber ou fazer outros se apropriarem de um saber, como aponta Roldão (2007). Trata-se de uma construção conjunta daquilo que se quer ver aprendido. Envolve mediação e diálogo na relação do professor com os alunos. Ensinar é criar e nutrir possibilidades relacionais (Tunes, Tacca e Júnior, 2005) para o desenvolvimento e o autocrescimento dos alunos e do professor, pois ambos aprendem nessa relação. Assim sendo, a noção de aprendizagem é ampliada para acolher os diversos conhecimentos necessários para os alunos e para a profissão docente.

Ensinar é também uma ação propositada, pois se destina a alcançar determinados objetivos de aprendizagem. Vamos supor que um professor de Inglês tenha definido para as suas turmas a aprendizagem de determinado vocabulário ou de algum item gramatical. Mas esse objetivo seria capaz de desenvolver a produção criativa de fala dos estudantes na língua inglesa? Será que esse conhecimento não ficaria restrito ao domínio linguístico e à precisão gramatical? Enfim, será que aprender vocabulário e gramática deveria configurar metas gerais para o ensino de língua inglesa na escola básica?

Com base nos objetivos gerais e específicos e na metodologia de ensino do professor de Inglês, é possível ter uma ideia do papel que esse profissional assume na formação de seus alunos nos âmbitos linguístico, social, político e ético. Seu papel linguístico é oferecer amostras reais de uso da língua inglesa sem impor uma visão monolítica de língua e cultura em sala de aula, como o inglês ou a cultura dos Estados Unidos ou da Inglaterra, por exemplo. Isso implica trazer exemplares discursivos de falantes do inglês de diferentes culturas, de nativos e não nativos com suas marcas linguísticas próprias, partindo de uma perspectiva do inglês como língua franca. No entanto, não basta defender essa perspectiva se a metodologia do professor estiver voltada para o ensino de vocabulário e gramática. É certo que uma ou outra aula pode ser dedicada à análise e à compreensão de aspectos linguísticos e dialetais dos exemplares discursivos apresentados pelo professor, mas o que se espera como prioridade é engajar os alunos em atividades que estabeleçam algum propósito ou resultado comunicativo com o uso da linguagem. Faz mais sentido propor uma tarefa do tipo "ouvir um tutorial em inglês para fazer um origami da sorte" do que "ouvir um tutorial em inglês para listar os verbos no imperativo ou criar novas frases com eles".

O papel do professor de Inglês transcende a escolha de textos e atividades para as suas aulas. Inclui interagir com os alunos nessa língua, em maior ou menor quantidade, em situações de comunicação inerentes à sala de aula com o propósito de maximizar as oportunidades de aprendizagem. Essa questão é aprofundada no capítulo "A docência".

O papel social do professor de Inglês está na função que desempenha no desenvolvimento dos alunos em sua totalidade, começando com o compromisso de criar oportunidades para eles agirem e interagirem na língua inglesa de forma colaborativa, solidária, crítica e respeitosa. Para tanto, o ensino dessa língua precisa priorizar atividades comunicativas com e sem o apoio das tecnologias de informação e comunicação.

Quanto ao papel político do professor de Inglês, pode-se dizer que cabe a ele investir na formação emancipatória do indivíduo ao propor atividades e dinâmicas que façam os estudantes se posicionarem, justificarem suas opiniões, argumentarem, trazerem evidências, esclarecerem, participarem de apresentações orais na língua inglesa etc. Assim, eles têm a oportunidade de desenvolver sua capacidade comunicativa nessa língua e pensar criticamente com discernimento e coerência.

Por fim, o papel ético do professor está associado à sua conduta e ao seu comprometimento com a aprendizagem dos estudantes. Isso implica respeitá-los – seus conhecimentos e suas contribuições –, compreender suas limitações e definir formas de lidar com elas, reconhecer suas potencialidades e entender que a relação entre professor e alunos é de parceria e de respeito mútuo.

Todos esses papéis (linguístico, social, político e ético) podem ser reconhecidos na prática docente cotidiana em um período de observação regular de aulas do professor de Inglês. Essa vivência, conhecida como "estágio de observação", ainda permite ao estagiário refletir sobre os papéis que vai assumir no momento da docência supervisionada.

Em relatos de observação de aulas, estagiários têm mostrado que alguns professores apresentam certo apego à abordagem de ensino gramatical ou estrutural. Há, também, práticas de ensino cujo ponto de partida ou chegada não é a gramática, mas o uso da língua inglesa para compreender e produzir significados. Essa tendência é conhecida como abordagem de ensino comunicativo, que pode ser realizada de diversas formas, as quais serão tratadas no capítulo "O planejamento".

A forma como essas tendências de ensino (estrutural e comunicativa) são desenvolvidas em sala de aula tem influência na aprendizagem e no engajamento dos alunos. Observar aulas de professores diferentes, portanto, amplia a perspectiva e a análise reflexiva sobre o fazer docente e os seus efeitos na aprendizagem dos alunos.

Em um estudo sobre as representações construídas por alunos da escola básica sobre os professores em geral, Escalante e Xavier (2011) concluíram que a rotina metodológica do professor precisaria ser repensada e transformada. Certas atividades, como o estudo da gramática e as traduções/versões, impactam negativamente no interesse e na motivação dos alunos. Além disso, os dados das autoras apontaram para a importância do "jeito de dar aulas". Em outras palavras, a movimentação do professor em sala de aula e a sua forma bem-humorada e clara de abordar os conteúdos favorecem a participação dos alunos nas aulas. Estratégias de ensino, como dar voz aos estudantes, aproveitar as suas falas (pertinentes ou não), dar atenção ao que se passa na sala de aula e ser enérgico são condutas importantes para um bom professor, conforme os alunos participantes do estudo das autoras. Outra conclusão interessante refere-se à representação dos alunos sobre o bom professor, considerando a sua postura em sala de aula – a de um profissional que respeita os alunos e se interessa por eles; para isso, é preciso cordialidade, envolvimento e, quando necessário, aplicar castigo. Essa representação nos remete ao papel ético do professor na sua relação com os alunos e com a sua prática docente cotidiana.

Com base na observação de aulas, o estagiário também pode familiarizar-se com os objetivos de aprendizagem do professor, os conteúdos escolhidos e a forma como são abordados, os tipos de atividades e o modo como cada professor interage com os alunos. Esses elementos são indicadores da abordagem do professor; sinalizam a sua perspectiva de língua, ensino e aprendizagem.

Seguir uma abordagem de ensino estrutural significa que a língua deve ser ensinada e aprendida pelas suas partes, elas sendo introduzidas antes ou ao fim de uma unidade de ensino. Para essa abordagem, o que importa é o estudante conhecer e dominar essas partes para depois se comunicar com o uso delas. Em contrapartida, seguir uma abordagem de ensino comunicativo implica aprender a língua estrangeira por meio do seu significado em uso, na perspectiva de língua como uma ação social, o que não envolve o ensino prévio de suas partes, mas a vivência do estudante com textos escritos e orais para o trabalho comunicativo com a língua. A abordagem estrutural, portanto, é muito diferente da abordagem comunicativa, pois ambas partem de premissas teóricas e práticas distintas, como mostra o Quadro 2.

Quadro 2 – Diferenças entre abordagem estrutural e abordagem comunicativa

Concepções	Abordagem estrutural	Abordagem comunicativa
Língua	Sistema formado por itens linguísticos inter-relacionados e suas regras.	Sistema organizado para a expressão de significados, para a comunicação.
Ensino	Voltado prioritariamente para o conhecimento linguístico.	Voltado prioritariamente para o significado pragmático e funcional da língua.
Aprendizagem	Prática do conhecimento linguístico.	Prática comunicativa.
Avaliação	Domínio do conhecimento linguístico.	Domínio de capacidades e habilidades comunicativas.

Alguns poderiam se perguntar se seria possível um professor seguir ambas as abordagens, estrutural e comunicativa. De fato, seria o mesmo que pensar em alguém que possa torcer para times opostos em uma partida de futebol. No entanto, vale ressaltar que nada impede um professor de Inglês, pautado na abordagem estrutural, de propor atividades comunicativas em suas aulas, assim como um professor ancorado nos princípios da abordagem comunicativa que pode, eventualmente, decidir trabalhar com atividades analíticas e de ensino explícito de algumas formas linguísticas. No entanto, isso não significa dizer que o professor segue as duas abordagens, pois as concepções teóricas que as fundamentam são distintas. Em outras palavras, o professor pode complementar o seu ensino com atividades comunicativas ou gramaticais, mas o que determina a sua abordagem é a sua concepção de língua, ensino, aprendizagem e avaliação. Nada adianta afirmar que segue a abordagem comunicativa se, na prática, o ensino é gramatical ou estrutural.

As escolhas pedagógicas do professor estão assim atreladas à sua abordagem e podem ser explicadas pela forma como compreende o processo de ensinar e aprender uma língua estrangeira. Essa compreensão é construída e desenvolvida com base nas vivências e teorias pessoais, científicas, práticas pedagógicas assistidas, crenças, percepções etc., as quais convivem na cognição do professor e que vão influenciar o seu fazer docente e, consequentemente, a formação do estudante.

SÍNTESE

Neste capítulo, vimos que a escola é o lugar onde o estagiário constrói conhecimento profissional com a ajuda dos saberes teóricos que ele traz da universidade. A escola tem a própria dinâmica e, ao vivenciá-la, o estagiário aprende a refletir sobre a sua vocação, que é promover a aprendizagem dos alunos e contribuir para a transformação social.

Ao ler este capítulo, você se familiarizou com os vários fatores que podem influenciar o percurso, a velocidade e o sucesso dos estudantes na aprendizagem da língua estrangeira. Também conheceu o papel linguístico, social, político e ético do professor de Inglês e como esses papéis se delineiam conforme a abordagem de língua, ensino, aprendizagem e avaliação do professor. Na abordagem estrutural, o papel do professor é centralizador, pois é ele quem domina os conteúdos gramaticais e lexicais a serem ensinados, aprendidos e avaliados. O conhecimento linguístico e o seu uso, porém, não são suficientes para a emancipação do aluno. É preciso adotar uma abordagem voltada para a comunicação, para contextos situados e propositados de uso da língua inglesa em que o professor assume o papel de moderador dos conhecimentos.

Diante dos vários fatores que influenciam a aprendizagem dos alunos e o ensino do professor, e das dimensões do papel de ambos no ambiente escolar, este capítulo destacou a necessidade de o estagiário conhecer, em profundidade, a escola, os alunos e a abordagem de ensino do professor de Inglês.

LEITURAS SUGERIDAS

LARSEN-FREEMAN, D. Key concepts in language learning and language education. In: SIMPSON, J. (org.). *The Routledge handbook of Applied Linguistics*. London/New York: Routledge Taylor/Francis Group, 2011, pp. 155-70.
LETHABY, C.; HARRIES, P. Learning styles and teacher training: are we perpetuating neuromyths? *ELT Journal*, v. 70, n. 1, pp. 16-27, 2016.

ATIVIDADES PRÁTICAS

1. Descreva a escola que você vai estagiar. Para isso, colete dados que lhe permitam conhecê-la em profundidade. Considere as informações do Quadro 1. Socialize o seu texto com os colegas de estágio e apresente os pontos positivos e negativos que você observou no ambiente escolar.
2. Observe algumas aulas na turma em que você vai estagiar para produzir um relato escrito sobre o perfil dos estudantes. Considere as seguintes informações: quantidade média de alunos, idade, características afetivas, pessoais e cognitivas predominantes e outras questões discutidas neste capítulo. Com base no seu relato, participe de uma discussão com os demais colegas de estágio para compartilhar os traços afetivos, pessoais e cognitivos que mostraram facilitar e inibir o engajamento dos alunos nas aulas que você observou.
3. Observe seis aulas de língua inglesa, duas em uma turma do ensino fundamental I, duas em uma turma do ensino fundamental II e duas em uma turma do ensino médio, com o objetivo de tomar notas e relatar aos colegas de estágio as diferenças que você percebeu entre os estudantes dessas três fases. Considere os fatores afetivos, pessoais e cognitivos tratados neste capítulo.
4. Leia os relatos de observação de aulas apresentados a seguir e, depois, identifique a abordagem de ensino (estrutural ou comunicativa) dos professores. Justifique a sua resposta.

Relato de observação (1)

8º ano do ensino fundamental

A professora Andreia (nome fictício) apresentou o assunto para a classe dizendo: *"Today we're going to talk about actions"*, escrevendo a palavra *"ACTIONS"* no quadro. Isso é importante, pois a visualização do vocábulo escrito ajuda na compreensão de seu significado. Na sequência, a professora deu exemplos de *"ACTIONS"*: "Ivo está mexendo no bolso", enquanto o aluno Ivo realmente realizava essa ação. Ela contextualizou a sentença em uma situação real, porém seria melhor se tivesse feito isso em inglês, utilizando gestos.

Os alunos foram, então, solicitados a formar um círculo enquanto a professora entregava um pedaço de papel para cada um. Eles tinham que dramatizar a ação que estava escrita no papel (ex.: chorar, correr). Enquanto um estudante realizava a ação dentro do círculo, os demais tinham que dizer, em português, o que o colega estava fazendo. A professora vertia as respostas para o inglês e, logo em seguida, as escrevia no quadro (*He → is crying; She → is running* etc.). Ela repetia as sentenças e, por vezes, dizia: *"Please, pay attention to my pronunciation"*.

Depois de terminada a atividade, ela recolheu todos os papéis, misturou-os e tornou a redistribuí-los. Desta vez, eles tinham que dizer, em inglês, o que os colegas estavam fazendo. Alguns estavam temerosos em ter que falar em inglês, então a professora escolheu outros para darem a resposta. Um deles usou o pronome SHE em vez de HE e ela corrigiu: *"No, not she. He"*. Acho que, neste momento, a professora poderia ter incentivado o restante da classe a indicar o pronome pessoal correto. Ela não adota livro didático. Utiliza atividades diversificadas, o que é muito positivo, pois seleciona com cuidado o que seria mais interessante para o aprendizado do inglês para os alunos de 8º ano. Ela também se preocupa em trabalhar com as quatro habilidades, utilizando-se da abordagem comunicativa para tanto.

Relato de observação (2)

8º ano do ensino fundamental

A aula começou com a professora Laura (nome fictício) introduzindo o assunto: *"Today we are going to talk about water"*. Ela escreveu "WATER" no quadro em forma de título e perguntou o significado: *"What's the meaning of 'water' in Portuguese?"*. A maioria da classe respondeu corretamente. Feito isso, ela iniciou uma conversa com os alunos utilizando as seguintes perguntas:

a. *In our planet, is there more salt water or fresh water?* As expressões *"salt water"* e *"fresh water"* foram escritas no quadro, mas os alunos não compreenderam a pergunta. A professora explicou, em inglês, que *salt water* era água referente aos oceanos, ao mar, enquanto fresh water vinha dos rios, dos lagos, da chuva. Foi quando os alunos descobriram o significado das duas expressões. A professora refez a pergunta inicial e a classe respondeu (água salgada), mas ela insistiu que a resposta fosse dada em inglês: "In English please". Na sequência, outras perguntas foram feitas:

b. *For what purposes do we use fresh water? In what situations?*
c. *Many people waste water. They use it in a bad way. Can you give some examples of wasting water?*
d. *How can we save water? How can we use it properly?*

Com base nessas perguntas, a professora foi montando um esquema no quadro com as respostas dos alunos, que eram convertidas para o inglês. O esquema ficou da seguinte forma no quadro:

WATER

Salt water   Fresh water
↓   ↓

oceans   rivers
sea   lakes
               rain

PURPOSES OF USING WATER: - to drink
- to cook
- to take a shower
- to wash our hands, face...
- to wash the dishes
- to wash the clothes, the car

WASTE OF WATER:	- washing sidewalks with a hose
	- taking long showers
	- leaving faucets open with no use
	- leaving faucets leak
WE CAN SAVE WATER:	- reusing water
	- taking short showers
	- closing the faucet after use
	- fixing leaks

Ao final das perguntas, a professora checou a compreensão da classe: *"Did you understand? Do you have any question?"*. Nenhum aluno se pronunciou, parecendo que todos haviam entendido as informações discutidas. Com o esquema no quadro, a professora distribuiu a seguinte atividade em cópia impressa:

1. *Answer the questions in Portuguese according to the outline on the board.*
   a. Cite quatro finalidades do uso da água.
   b. Cite dois locais de onde podemos obter água doce.
   c. Cite três formas de economizar água.
   d. Cite três formas de desperdício da água.

Os alunos foram solicitados a ler as instruções e explicá-las. Um tempo de 15 minutos foi estabelecido para a realização da atividade. Um ponto positivo foi ver a professora circulando pela sala para sanar as dúvidas. O sinal tocou, mas poucos haviam terminado. A professora pediu que finalizassem em casa. No entanto, os alunos não haviam copiado o esquema em seus cadernos. A nosso ver, a professora poderia ter solicitado a cópia do esquema antes de a atividade ser distribuída ou, ainda, ter preparado um esquema prévio para ser anexado ao exercício impresso.

5. Observe algumas aulas do professor que irá recebê-lo como estagiário para conhecer a sua abordagem de ensino. Faça uma fotocópia ou tire uma foto de todas as atividades propostas nas aulas e descreva a forma como cada uma foi conduzida. Com base nesses dados, analise a abordagem de ensinar do professor regente, trazendo evidências sobre o que você afirma. Ao final, participe de uma discussão ampliada com os colegas de estágio a respeito das tendências de ensino entre os professores observados.

O planejamento

O objetivo deste capítulo é discutir dois processos fundamentais do fazer docente: o planejamento de ensino e o planejamento de aula. É por meio deles que o professor toma decisões sobre o que ensinar, por que ensinar, como ensinar e como avaliar.

PLANEJAMENTO DE ENSINO

Planejar é um processo reflexivo de tomada de decisões para se chegar a uma meta. No ensino, essa meta são os objetivos de aprendizagem que o professor define e quer alcançar em suas turmas. Para a elaboração de um plano de ensino, além dos objetivos gerais de aprendizagem (*goals*), é preciso especificar o público-alvo para o quais os objetivos são delineados, os conteúdos, as estratégias metodológicas e as formas de avaliação. Os três primeiros elementos (objetivos, público-alvo e conteúdos) constituem o planejamento político; os demais representam o planejamento metodológico.

As decisões tomadas no momento do planejamento político têm implicações no tipo de aluno que o professor quer formar para a sociedade. Se os objetivos e os conteúdos forem definidos em termos linguísticos, espera-se formar indivíduos capazes de dominar o conhecimento lexical e gramatical da língua inglesa. Se forem voltados para o pensamento crítico, a formação do indivíduo volta-se para a sua emancipação. Se forem pautados nas relações sociais que as pessoas constroem na interação com outras pessoas e com os textos, a meta é formar indivíduos participativos, criativos e críticos.

O planejamento metodológico, por sua vez, tem implicações na qualidade do ensino, pois nos remete à forma como os objetivos e os conteúdos serão desenvolvidos e avaliados ao longo do processo de ensino-aprendizagem. Refere-se às ações concretas do professor em sala de aula e, embora sejam ações de natureza metodológica, também pressupõem um ato político na medida em que o professor decide desenvolvê-las de um modo ou de outro.

No plano político, a definição dos objetivos gerais para o ensino da língua inglesa deve estar em consonância com a BNCC, isto é, com as competências específicas definidas para a Língua Inglesa no ensino fundamental e com as competências estipuladas para a área de Linguagens e suas Tecnologias no ensino médio, na qual o componente Língua Inglesa se insere. Um exemplo de competência específica no ensino fundamental é: "Comunicar-se na língua inglesa, por meio do uso variado de linguagens em mídias impressas ou digitais, reconhecendo-a como ferramenta de acesso ao conhecimento, de ampliação das perspectivas e de possibilidades para a compreensão dos valores e interesses de outras culturas e para o exercício do protagonismo social" (Brasil, 2018: 246). No ensino médio, uma das competências para a área de linguagens é "Compreender as línguas como fenômeno (geo)político, histórico, cultural, social, variável, heterogêneo e sensível aos contextos de uso, reconhecendo suas variedades e vivenciando-as como formas de expressões identitárias, pessoais e coletivas, bem como agindo no enfrentamento de preconceitos de qualquer natureza" (Brasil, 2018: 490).

Essas e outras competências delineadas na BNCC são macro-objetivos que apontam a noção de língua como prática social, o que implica definir objetivos de aprendizagem que contemplem a língua inglesa em uso, em contexto social situado para algum propósito comunicativo, de modo que os alunos possam dar sentido ao que aprendem e a relacionar o que aprendem com a sua aplicação na vida real. Nesse sentido, o planejamento de ensino do professor de Inglês deve estar comprometido com o desenvolvimento da capacidade comunicativa dos alunos nessa língua.

Exemplos de objetivos gerais são: (a) compreender e produzir textos informativos; (b) compreender e produzir paródias; (c) interagir com pessoas desconhecidas; (d) contar histórias pessoais; (e) contar piadas; fazer pedidos de comida e bebida etc. Esses e outros objetivos são definidos pelo professor com base na relevância e pertinência para o público-alvo que ensina, e é por meio deles que os objetivos específicos (*objectives*) são formulados para serem desenvolvidos nas aulas. Vamos supor o seguinte:

Goal: *Ordering food and drink in English*

Lesson objectives:

a. *Listening to some orders in a fast food restaurant to identify the most popular sandwiches among the customers.*
b. *Reading a menu to decide on what to eat and drink, and to share your decision.*
c. *Making an order.*
d. *Designing a menu for a fast food restaurant.*

Observe que tanto o objetivo geral (*goal*) quanto os objetivos específicos (*objectives*) são redigidos por verbos e descrevem o que os alunos devem aprender a fazer na língua inglesa (*Ordering food and drink in English* – Fazer pedidos de comida e bebida em inglês; *Listening to some orders in a fast food restaurant to identify...* – ouvir e identificar). Por essa razão, são denominados objetivos de **aprendizagem**, os quais diferem dos objetivos de **ensino**, que descrevem o que o professor planeja fazer, como: "*Encouraging the use of scanning strategy to improve students' oral comprehension*" ou "*Engaging students in situations where they are expected to order some food and drink*".

No plano metodológico, o professor deve refletir sobre as estratégias de ensino e de avaliação que vai utilizar para desenvolver os conteúdos e as atividades e para avaliar o desempenho dos alunos. Exemplos de estratégias de ensino são: aulas expositivas e dialogadas, trabalhos individuais e em grupos, trabalhos de campo e de pesquisa, atividades com áudio e vídeo, atividades com textos escritos para leitura, compreensão e produção oral e escrita etc. Quanto às estratégias de avaliação, temos a observação sistemática do desempenho dos alunos em aulas, provas, trabalhos, *quizzes*, atividades extras etc.

As tomadas de decisão sobre quais estratégias usar acontecem durante o planejamento de ensino, que é formalmente desenvolvido no início de cada ano letivo, semestre, bimestre ou mensalmente, dependendo de como a escola organiza esse processo. O resultado final é o plano de ensino que interessa à direção da escola e à comunidade externa. No entanto, a sua função é maior nas mãos do professor, pois é nesse documento que as suas intenções são registradas com relação à aprendizagem dos alunos. Nesse sentido, a construção de um plano de ensino deve ser visto como um ato político, ético, formativo e social em vez de uma ação burocrática ou técnica. É ele que vai orientar a caminhada pedagógica do professor, podendo sofrer mudanças e reajustes ao longo do caminho como parte das reflexões contínuas sobre a ação educativa e formativa que o professor quer construir junto aos estudantes.

PLANEJAMENTO DE AULA

Assim como o planejamento de ensino, o planejamento de aula também envolve decisões didático-pedagógicas; porém, mais específicas, pois estão relacionadas ao trabalho do professor junto aos alunos em sala de aula. Essas decisões referem-se ao conteúdo a ser trabalhado em aula (conteúdo instrucional), aos objetivos de aprendizagem (objetivos específicos), aos materiais (recursos didático-pedagógicos), à forma como o conteúdo e as atividades serão trabalhados (procedimentos de ensino) e à maneira como o desempenho dos alunos será avaliado (avaliação). Todos esses elementos devem estar alinhados às diretrizes gerais do PPP da escola.

É no momento do planejamento de aulas que o professor lê, estuda e se aprofunda no assunto que vai ensinar, reflete sobre o modo mais adequado de apresentá-lo, examina formas de potencializar o uso da língua inglesa na sua comunicação com os alunos, define perguntas, pesquisa sobre como tornar a sua fala mais compreensível na língua inglesa, antecipa problemas e projeta ações metodológicas para atingir os objetivos específicos. Toda essa preparação resulta em planos de aulas, que são documentos importantes para o professor direcionar o seu ensino e favorecer o seu crescimento teórico-pedagógico. Nesse sentido, o plano de aula tem função dupla. Além de organizar as ações pedagógicas para se atingir a meta final (objetivos gerais), ele ajuda o professor a se desenvolver linguística e pedagogicamente.

É claro que um plano de aula nas mãos do professor não é uma camisa de força que bloqueia a sua criatividade e as suas decisões on-line, mas é certo que ele é indispensável para um trabalho propositado, ético e de qualidade. Por essa razão, a experiência de anos anteriores de um professor ou o uso regular de um livro didático não devem dispensar os planos de aulas, pois é o mesmo que congelar o senso de plausibilidade do professor ou colocá-lo no "automático". É fundamental exercer o pensamento crítico e criativo antes de cada aula dada. O plano de aula, portanto, é um ótimo instrumento para a prática reflexiva antes, durante e depois da ação pedagógica.

Em muitas salas de aula de Língua Inglesa, o livro didático determina o conteúdo de ensino, as atividades, as habilidades linguísticas a serem desenvolvidas e os objetivos de aprendizagem, influenciando o professor na elaboração de seus planos. Isso não significa uma perda de autonomia ou senso crítico, pois o professor é capaz de adaptar, complementar, descartar conteúdos e inovar com base no que pensa ser relevante e pertinente para os seus alunos. Assim, o professor não precisa ser subserviente ao livro didático, mas utilizá-lo de forma a potencializar a aprendizagem dos alunos, e isso não implica a isenção de um plano de aula. Pelo contrário, é ele que vai definir a forma como os conteúdos, as atividades e a avaliação serão conduzidos.

Nas próximas seções, vamos conhecer cada um dos elementos que constituem um plano de aula. Embora sejam aqui tratados em seções distintas, são elementos interligados.

Conteúdo instrucional

Em um plano de aula de língua inglesa, o conteúdo é o que se pretende ensinar ou desenvolver nessa língua. A sua definição varia conforme as concepções de língua, ensino e aprendizagem nas quais o professor se apoia. Vamos supor que um professor defina um conjunto de conteúdos gramaticais e lexicais para as suas aulas. Essa decisão nos permite pensar que, para ele, a língua inglesa é um sistema composto de itens linguísticos e regras gramaticais que devem ser ensinados para permitir a comunicação do aluno nessa língua. Em termos metafóricos, o conteúdo linguístico representaria um conjunto de "tijolos" para os estudantes construírem a "sua casa" – o seu sistema linguístico interno. Com base nessa perspectiva, o professor se mostra afiliado à abordagem de ensino estrutural/gramatical.

Em contrapartida, os conteúdos podem envolver atos de fala (*speech acts*), como: apresentar-se, perguntar e informar as horas, pedir desculpas, expressar preferências, gostos e desgostos, convidar, recusar ou aceitar – todos conhecidos como "funções comunicativas", as quais têm a intenção de comunicar algo a alguém. Esses conteúdos não exigem o conhecimento de regras gramaticais, mas de fórmulas ou falas formulaicas (*formulaic speech*) apresentadas em diálogos para os estudantes perceberem o seu uso e as estruturas linguísticas que as manifestam. As funções tornam-se, portanto, o objeto de ensino do professor de Inglês. Muitas vezes, depois de serem apresentadas em diálogos, as fórmulas linguísticas são isoladas para a sua prática e/ou para uma análise gramatical. A avaliação é feita com base no domínio que o estudante deve demonstrar no uso das funções estudadas. Assim, o conteúdo de ensino costuma ser uma lista de funções comunicativas, sinalizando a preferência do professor pela abordagem comunicativa na perspectiva funcional da linguagem.

A principal crítica a essa perspectiva reside na visão de língua e ensino voltada para o uso das expressões linguísticas que manifestam as funções comunicativas, como na função "perguntar e responder sobre fatos passados": *What did you do last weekend? – I went to the cinema*. Ou na função "perguntar e informar as horas": *What time is it? – It's noon*. O ensino se limita a trocas conversacionais apartadas do discurso sem espaço para o uso de estratégias comunicativas e procedimentos criativos de fala. Seguindo o mesmo raciocínio metafórico anterior, o conteúdo funcional representaria um conjunto de "paredes" (falas formulaicas) para os estudantes construírem a "sua casa" – o seu sistema linguístico interno.

Essas e outras críticas ao ensino de funções comunicativas fizeram emergir possibilidades de conteúdos de ensino voltados para assuntos de outras disciplinas do currículo escolar, numa perspectiva interdisciplinar, pois, assim, a língua inglesa seria tratada em contexto discursivo. Nessa perspectiva, os conteúdos de língua inglesa poderiam abarcar temas abordados em Geografia, Matemática, História, Ciências da Natureza e outras áreas do conhecimento para um trabalho de cooperação com os professores envolvidos.

Estudar conteúdos de outras disciplinas na língua inglesa é conhecido como *content-based instruction* ou *Content and Language Integrated Learning* (CLIL). São abordagens comunicativas que visam promover a aprendizagem incidental da língua como resultado da compreensão e produção de informações relacionadas ao conteúdo estudado. No plano de aula, a especificação desses conteúdos é feita com base nas temáticas que o professor deseja desenvolver (*Photosynthesis, The Solar System, Recycling*), mas não com a intenção de focar determinadas estruturas linguísticas ou o vocabulário, pois no ensino de conteúdos são os alunos que constroem o próprio sistema linguístico interno sem o controle do professor.

Vale ressaltar que quando os conteúdos escolares são tratados como mera transmissão de conhecimentos na língua inglesa, sem vínculo com a realidade dos alunos e sem articulação com o pensamento crítico e reflexivo sobre o assunto, o ensino torna-se árido, estéril, sem significado para a vida dos alunos. É importante, portanto, selecionar temáticas que possam ser trabalhadas por meio de atividades problematizadoras e com situações que façam os alunos refletir. Assuntos pautados em questões sociais como meio ambiente, respeito, consumo, orientação sexual, família e culturas são boas opções.

Os conteúdos de ensino também podem ser definidos com base em gêneros textuais ou discursivos, entendidos como "*tipos relativamente estáveis de enunciados*" (Bakhtin, 2003: 262) ou "ações sociodiscursivas para agir sobre o mundo e dizer o mundo" (Marcuschi, 2002: 22). Exemplos de gênero textual são: notícia, receita culinária, trailer de filme, transação de compra e venda, letra de música, meme, tutorial, entre outros, selecionados de acordo com critérios como familiaridade, relevância e interesse dos alunos.

Os textos representativos de gênero são trabalhados conforme a abordagem de língua, ensino e aprendizagem do professor. Por vezes, ele é abordado como um artefato, um material simbólico apartado do sujeito que o construiu (texto como forma). Nesse caso, os conteúdos de ensino são o léxico e as estruturas que o texto carrega. O papel do texto é servir de base para o estudo da gramática, seguindo a perspectiva estruturalista de língua. Em contrapartida, há abordagens que tratam o texto na perspectiva instrumental para desenvolver estratégias de compreensão (*skimming, scanning, surveying*) e de produção (*planning, paraphrasing, practicing*). Os conteúdos são as próprias estratégias/habilidades que se quer ensinar, exemplificar e praticar com o uso de textos escritos e orais. Esse tipo de abordagem é conhecido como *strategy-based instruction*, já apresentado no capítulo anterior.

Em outras abordagens, o texto é visto como uma forma de agir socialmente; por isso, é tratado como um instrumento mediador das práticas sociais (e do processo de ensino-aprendizagem), que precisa ser analisado, compreendido e usado de modo apropriado. Assim, o texto de gênero constitui o instrumento de mediação de toda estratégia de ensino e o material de trabalho para o ensino da textualidade, como defendem Schneuwly e Dolz (2011). É por meio dele que o professor desenvolve as capacidades de linguagem dos alunos, isto é, a capacidade de compreender o contexto da produção do gênero (capacidade de ação), sua organização textual e os mecanismos de textualização (capacidade discursiva), suas formas enunciativas e as escolhas lexicais realizadas pelo produtor do texto (capacidade linguístico-discursiva). Nessa perspectiva, os conteúdos de ensino são as capacidades de linguagem a serem desenvolvidas durante a compreensão e produção dos gêneros textuais escolhidos para o ensino.

Por fim, existem abordagens que utilizam textos de gêneros para promover ações comunicativas, seguindo o que as pessoas fazem com eles na vida real, como: ler uma notícia para compartilhar o seu conteúdo, ouvir uma entrevista para montar um *folder* educativo, simular a compra e venda de ingressos de um show etc. A notícia, a entrevista e a transação de compra e venda são gêneros textuais que mobilizam ações comunicativas. Neste caso, os conteúdos de ensino se apresentam na forma de uma lista de tarefas comunicativas (*tasks*).

A escolha dos conteúdos instrucionais deve ser uma decisão bem pensada e, para isso, algumas perguntas podem ajudar o professor aprendiz nesta tarefa: O conteúdo escolhido relaciona-se com a vida dos alunos? Quão significativo ele é? Tem potencial para promover pensamento crítico e desenvolver indivíduos participativos e colaborativos na sociedade? Ajuda a desenvolver o raciocínio, a criar, avaliar e solucionar questões importantes?

Para concluir, os conteúdos de ensino – formas linguísticas, funções comunicativas, temas, gêneros textuais ou tarefas – devem dialogar com os objetivos específicos das aulas, pois é por meio deles que as metas são alcançadas.

Objetivos específicos

Os objetivos de um plano de aula (*objectives*) descrevem o que os alunos são esperados a aprender, dominar, compreender ou desenvolver com base no conteúdo definido. Geralmente, o número de objetivos para uma aula corresponde ao número de atividades e dinâmicas que o tempo permite ao professor desenvolver com os alunos no dia. Há, portanto, uma relação direta entre os objetivos específicos e as atividades/dinâmicas propostas. Vamos supor que alguns professores de Inglês queiram trabalhar com o tema *fake news*. Para isso, terão que definir os objetivos de aprendizagem. Vejamos as possibilidades apresentadas no Quadro 3.

Quadro 3 – Objetivos específicos para o tema *fake news*

Content: Fake news	
Teacher 1 Lessons 1 and 2	Teacher 2 Lessons 1 and 2
Learning objectives: a. *Understanding oral questions in English to share prior knowledge about the theme;* b. *Justifying whether some posted messages are fake (or not) based on tips of how to spot fake information.*	*Learning objectives:* a. *Identifying the theme and the purpose of a text taken from an internet site;* b. *Understanding specific information;* c. *Defining what a fake news is and its harmful effects.*

Com base nos objetivos do Professor 1, os alunos são esperados a desenvolver compreensão oral (objetivo 'a'), demonstrar compreensão em leitura e argumentar (objetivo 'b'). O primeiro objetivo pressupõe que o professor vai conduzir uma conversa com a classe sobre *fake news* com perguntas orais em inglês encaminhadas à turma, sem a necessidade de os alunos respondê-las nessa língua, já que o objetivo não é encorajar a produção oral, mas evocar o conhecimento prévio da classe sobre o assunto ("*prior knowledge of the theme*"). Além da compreensão oral, o Professor 1 visa desenvolver a compreensão leitora em inglês ao mencionar "*some posted messages*" e "*tips of how to spot fake information*" no objetivo 'b'. Esses textos devem ser lidos e compreendidos para os alunos poderem se posicionar em relação à veracidade das mensagens ("*justifying*"). O verbo "justificar" sugere que o Professor 1 também visa desenvolver a produção escrita e/ou oral dos alunos, em particular a argumentação, pois eles necessitam explicar o que parece ser falso nas mensagens lidas.

Os objetivos do Professor 2, por sua vez, também estão voltados para a compreensão de texto (objetivos 'a' e 'b') e a produção de uma definição de

39

fake news, acompanhada de um posicionamento escrito dos alunos sobre os problemas que elas trazem para a sociedade (objetivo 'c').

Os objetivos específicos dos Professores 1 e 2 têm em comum o desenvolvimento da compreensão leitora e a produção escrita dos alunos. No entanto, o Professor 1 também propõe desenvolver a compreensão oral na língua inglesa (objetivo 'a'). Ainda que os Professores 1 e 2 compartilhem de objetivos comuns, ambos sugerem ações metodológicas diferentes. O Professor 1, por exemplo, propõe a leitura de postagens de redes sociais e dicas de como identificar uma informação falsa para, posteriormente, suscitar a produção escrita dos alunos, isto é, justificativas para dizer que determinada mensagem pode ou não ser falsa. Por outro lado, o Professor 2 prevê a leitura de um texto da internet que poderá ajudar os alunos na sua definição própria de *fake news* e os seus efeitos prejudiciais à sociedade.

Concluindo, os objetivos específicos e a metodologia são elementos interligados, pois um orienta o outro no desenvolvimento do conteúdo instrucional.

Recursos didático-pedagógicos

Os recursos pedagógicos referem-se aos materiais necessários para o desenvolvimento dos conteúdos e das atividades na aula. O professor poderá necessitar de figuras, dicionários, computador, *pen drive* com o vídeo ou áudio a ser utilizado, caixas de som, *flashcards*, jogos etc. Considerando os Professores 1 e 2 da seção anterior, pode-se dizer que ambos precisariam dos seguintes recursos pedagógicos para as suas aulas: fotocópias das atividades (instruções escritas e os textos com os quais os alunos vão trabalhar), lousa, marcadores/giz e dicionários.

Procedimentos de ensino

Os procedimentos de ensino correspondem ao passo a passo de como a aula vai ser conduzida. Vamos considerar o plano de aula apresentado a seguir para compreendermos as ações planejadas pela professora Clara, nome fictício dado à autora desse plano. Cada linha dos procedimentos é numerada para facilitar a localização da informação no momento da análise que faço depois do plano de aula.

LESSON PLAN

Teacher: Clara

Group: 8º ano

Content: Warning signs

Learning objectives: (1) Understanding oral questions; (2) Interpreting warning signs; (3) Making a warning sign; (4) Getting to know the meaning of some words/expressions.

Resources: Copies of the images below for each student, A4 sheets, blackboard, chalks, and dictionaries.

Teaching procedures:

[L1] • Distribute a sheet of paper to each student with the following images of
[L2] people ignoring warning signs.

Image 1

Image 2

Image 3

- Based on these images, address the following questions to the class. Tell the students that the answers can be given in Portuguese.
    a. Can you see any problem in Image 1? What problem?
    b. Is this attitude correct? Yes or no? Why not?
    c. What are these people ignoring?
Confirm the correct answers in Portuguese and convert them into English (e.g., "Good! Essas pessoas estão ignorando o aviso de proibido nadar, 'no swimming sign'."). Write NO SWIMMING SIGN on the board and check the students' comprehension (e.g., "What's the meaning of this phrase in Portuguese?"). Confirm the correct answer (e.g., "Right, aviso de proibido nadar.").
    d. What symbol represents this sign?

- Ask the class the same set of questions using the other two images. At the end, make sure that the following information is written on the board: NO SWIMMING SIGN, WEAR A FACE MASK SIGN, NO SMOKING SIGN. Also check the meaning of the word 'sign' (e.g., "What's the meaning of 'sign' in Portuguese?"). Confirm the correct answer (e.g., "Ok, aviso.").

- Tell the class that they are warning signs. Write the expression on the board and explain what a warning sign is and its purpose (e.g., "Warning signs inform people about what they must do or must **not** do, as for example in image 1, people must not swim in the sea. It's prohibited. The sign is a red circle with a red line inside. In image 2, people are asked to wear a mask in the supermarket. The sign is a mask; and in image 3, people must not smoke in that place. The sign is a red circle with a red line inside."). After the explanation, ask the meaning of "warning signs" in Portuguese (e.g., "What's the meaning of 'warning signs' in Portuguese?"). Confirm the correct answer (e.g., Ok, avisos de advertência).

- Introduce Activity 1 (e.g., "Now, let's do Activity 1."). Write the instructions on the board (e.g., "I'm going to write the instructions on the board, ok?").

> [L32] **Activity 1.** *Your school needs some warning signs. Make a warning sign*
> [L33] *to be displayed in a place of your choice. Draw the symbol and write the*
> [L34] *message in English. Make it large and in color.*
>
> [L35] • Explain the instructions in English using your own words. Then check the
> [L36] students' comprehension by asking them to explain the activity in Portuguese
> [L37] (e.g., "Did you understand? Yes, no or more or less? Can you explain
> [L38] the activity in Portuguese, please?"). Confirm the students' correct explanations,
> [L39] in Portuguese, and, if necessary, make inquiries to make sure that
> [L40] they really understood (e.g., "É para fazer somente o desenho do aviso?").
> [L41] Finally, translate the instructions into Portuguese so the students can associate
> [L42] form and meaning. Ask if they have any question (e.g., "Any question?")
>
> [L43] • Distribute an A4 sheet to each student and establish some minutes for the
> [L44] class to carry out the activity (e.g., "Class, you have 20 minutes to do the activity,
> [L45] ok?"). Make dictionaries available (e.g., "There are some dictionaries
> [L46] on the table if necessary."). Tell the students that they are supposed to hand
> [L47] in their warning signs for evaluation (e.g., "When you finish, please hand in
> [L48] your warning signs for evaluation, ok?").
>
> [L49] • Walk around the class to assist the students.
>
> [L50] • Ask if everybody has finished (e.g., "Have you finished?"). If not, give them
> [L51] some more minutes (e.g., "Ok, five more minutes").
>
> [L52] • Collect the activities (e.g., "Ok folks, time is over. Please hand in your signs").
>
> **Evaluation**: Students will be evaluated based on their participation in the initial conversation and on their performance in Activity 1.

O assunto da aula de Clara é "avisos de advertência" (*warning signs*). Seu plano é bem detalhado com ações descritas de forma bastante precisa, organizada e objetiva, o que nos leva a afirmar que a professora mergulhou em um processo de reflexão sobre a ação, definindo como ela pretende interagir com os alunos na língua inglesa, inclusive com opções de fala para se preparar adequadamente.

Os procedimentos iniciam com uma conversa da professora com a turma, utilizando perguntas em inglês (linhas 5-7 e linha 14) para uma análise conjunta de três imagens de pessoas ignorando avisos de advertência. A professora deixa claro que os alunos podem responder em português (linhas 3 e 4), pois o objetivo da conversa não é desenvolver a produção de fala, mas favorecer a compreensão oral e escrita das informações que serão registradas no quadro. Essas informações são, na realidade, as respostas dos alunos convertidas para o inglês (linha 8). O registro escrito no quadro é uma estratégia denominada "insumo destacado" (*input enhancement*), utilizada para dar saliência/visibilidade a determinadas estruturas, de modo que elas possam ser facilmente percebidas.

No plano de Clara também se observa diferentes momentos em que ela se dedica a verificar a compreensão da classe. Um desses momentos acontece quando ela pergunta o significado de determinadas palavras que são importantes para o entendimento do assunto da aula (*"What's the meaning of... in Portuguese?"*). Ela faz questão de confirmar, repetindo a resposta correta dos alunos ou fazendo os devidos ajustes (linhas 8, 12, 19, 28 e 29). Outro momento é quando Clara propõe explicar as instruções usando as próprias palavras em inglês (linha 35), possivelmente com a intenção de investir na compreensão oral dos alunos, ampliando o escopo do objetivo 1 de seu plano de aula. Para verificar a compreensão, Clara pede aos alunos que verbalizem o que entenderam da explicação dada (*"Did you understand? Yes, no or more or less? Can you explain the activity in Portuguese, please?"*), cabendo a ela confirmar e questionar quando as informações necessitam de maior aprofundamento (linhas 38-40).

É interessante mencionar que a professora também propõe traduzir as instruções depois de os alunos terem compreendido as instruções, justificando o procedimento como uma oportunidade para eles mapearem determinadas palavras com os seus respectivos significados (linhas 41 e 42). Não se trata, portanto, da compreensão das instruções, que já foi feita anteriormente, mas do estabelecimento de vínculos entre as formas linguísticas e os seus significados no texto escrito para a aprendizagem explícita de vocábulos desconhecidos pelos alunos.

Ainda com base nos procedimentos de ensino de Clara, observa-se que as ações são redigidas por meio de verbos (*distribute, address, ask, walk, collect* etc.), particularmente no modo imperativo como instruções para si mesma. Se os procedimentos fossem redigidos em português, poderiam ser realizados no modo infinitivo (distribuir, encaminhar, solicitar, caminhar, recolher etc.). Outra observação importante refere-se à decisão acertada de Clara em conduzir a aula e o gerenciamento de sala na língua inglesa, como mostram os exemplares de falas entre parênteses, por exemplo: "pedir que os alunos expliquem a atividade" (*"Can you explain the activity in Portuguese, please?"*) ou "explicar o que é um aviso de advertência e o seu propósito" (linhas 21-26), pois, assim, cria-se uma rotina de familiarização dos alunos com a compreensão oral nessa língua, o que favorece a aprendizagem incidental e implícita.

Na próxima seção, vamos tratar do último elemento de um plano de aula: a avaliação.

Avaliação da aprendizagem

A avaliação da aprendizagem (*assessment/evaluation*) é a etapa final na elaboração de um plano de aula, mas, na prática, ela é realizada ao longo de toda ação docente com base no desempenho dos alunos. Avaliar não significa testar (*testing*), nem mensurar (*measurement*). Testar é verificar o desempenho do aluno por meio de testes ou provas. Mensurar consiste no aspecto quantitativo do desempenho, podendo ser expresso por notas, letras ou conceitos. Avaliar é um termo mais abrangente que inclui a testagem e a mensuração, mas nem sempre. Em uma aula, podemos avaliar a aprendizagem dos alunos somente pela observação do seu desempenho e engajamento nas atividades sem a intenção de mensurar, mas de compreender o que funcionou (ou não), o que ajudou ou faltou, as dificuldades dos alunos, entre outras informações pertinentes para o aprimoramento do processo de ensino-aprendizagem. Este é o lado formativo da avaliação. Quando ela envolve testagem e mensuração, os alunos são submetidos a testes e provas para demonstrarem o conhecimento aprendido. É o lado somativo do ato de avaliar.

Para alcançar o seu verdadeiro significado, a avaliação é realizada em função dos objetivos de aprendizagem definidos no plano de aula. Por essa razão, é essencial que eles sejam claros e significativos para a vida dos alunos, pois importa promover o desenvolvimento integral dos estudantes sem abdicar do fundamental, que é a aprendizagem dessa língua. Como já mencionado, a importância de se aprender inglês na escola básica está nas oportunidades de os alunos compreenderem, produzirem e negociarem significados nessa língua para poderem ampliar a sua participação no mundo globalizado. Nesse sentido, os objetivos de aprendizagem devem priorizar o desenvolvimento da capacidade comunicativa, interativa e crítica dos alunos nessa língua, como já discutido anteriormente.

Em alguns contextos educacionais, a mensuração é supervalorizada, ressaltando o lado somativo e classificatório em detrimento da concepção de avaliação como um processo que visa informar, aperfeiçoar e redirecionar as ações do professor, assim como transformar a situação de aprendizagem dos alunos (função formativa). A qualidade do ensino e da aprendizagem não se conquista com notas, mas com as ações do professor que analisa o desempenho dos alunos com base nos objetivos de aprendizagem que definiu para tecer um diagnóstico e propor encaminhamentos pedagógicos e/ou interventivos. A avaliação, portanto, deve exercer função diagnóstica, informativa e de retroalimentação (*feedback*) para o professor analisar até que ponto os alunos alcançaram os objetivos e refletir sobre as ações necessárias a serem tomadas. O lado formativo da avaliação será retomado no capítulo "A docência".

Assim, no plano de aula, a avaliação é realizada com base na forma como os alunos se saíram nas atividades ou nas dinâmicas propostas e se eles foram capazes ou não de alcançar os objetivos de aprendizagem com sucesso. No plano da professora Clara, por exemplo, apresentado na seção *Procedimentos de ensino*, o item "avaliação" foi assim definido: "*Students will be evaluated based on their participation in the initial conversation and on their performance in Activity 1*". A participação dos alunos na conversa introdutória da aula está relacionada aos seguintes objetivos que Clara estabeleceu: (1) compreender perguntas orais em inglês, (2) interpretar avisos de advertência e (4) conhecer o significado de algumas palavras e expressões. A avaliação é feita conforme o nível de compreensão dos alunos nas perguntas e em suas respostas, considerando o coletivo da classe. Por sua vez, avaliar o desempenho dos alunos na Atividade 1 refere-se ao objetivo (3): "*Making a warning sign*". A avaliação é individual e feita posteriormente, uma vez que a professora propõe recolher o trabalho para dar *feedback*, como mencionado nos procedimentos de ensino.

Por fim, vale relembrar que todos os elementos de um plano de aula estão interligados. A avaliação se vincula com os objetivos de aprendizagem que, por sua vez, são alcançados por meio dos conteúdos, das atividades e dos procedimentos de ensino, os quais têm impacto na definição dos recursos didático-pedagógicos.

SÍNTESE

Este capítulo descreveu dois processos pedagógicos com os quais o estagiário de língua inglesa deve se familiarizar durante o Estágio Curricular Supervisionado: o planejamento de ensino e o planejamento de aula. O primeiro constrói uma carta de intenção para o ano letivo, bimestre ou semestre e define os conteúdos, os objetivos gerais, a metodologia e a avaliação. O resultado é um plano ou programa de ensino, que fica disponível na escola para quem deseja conhecer o trabalho do professor com suas turmas. O planejamento de aula, por sua vez, é um processo de reflexão do dia a dia da sala de aula com o objetivo de orientar a caminhada do professor em direção às metas estabelecidas em seu plano de ensino. São decisões a serem tomadas sobre o conteúdo da aula, os objetivos específicos, os recursos didático-pedagógicos, os procedimentos de ensino e a avaliação, resultando em planos de aulas. Esses dois processos e os seus produtos finais estão inter-relacionados e são de responsabilidade do professor. Não devem ser encarados como trabalho burocrático, mas como uma atividade necessária para dar direcionamento e qualidade ao processo de ensino e aprendizagem.

LEITURAS SUGERIDAS

FARRELL, T. S. C. Lesson planning. In: RICHARDS, J. C.; RENANDYA, W. A. (org.). *Methodology in language teaching*: an anthology of current practice. Cambridge: Cambridge University Press, 2002, pp. 30-9.

GABILLON, Z. Revisiting CLIL: background, pedagogy, and theoretical underpinnings. *Contextes et Didactiques* [on-line], n. 15, 2020. https://doi.org/10.4000/ced.1836.

ATIVIDADES PRÁTICAS

1. Solicite ao professor de Inglês com o qual você vai estagiar (e a outros com os quais você tenha contato) uma cópia de seu plano de ensino para realizar uma análise. Como você avalia o(s) plano(s) em termos de objetivos de aprendizagem, conteúdos, estratégias metodológicas e avaliação? Há coerência entre os objetivos de aprendizagem e os conteúdos definidos? Qual é a visão de língua que predomina? A que abordagem de ensino o(s) professor(es) se afilia(m)? Os objetivos são relevantes para a vida dos estudantes?
2. Em pares, selecione um ou mais livros de uma mesma coleção de língua inglesa, de preferência livros de obras aprovadas pelo Programa Nacional do Livro Didático (PNLD), e analise os conteúdos propostos. No geral, o que o material deseja ensinar e quais são os objetivos de aprendizagem delineados pelo(s) autor(es)? Compartilhe os resultados de sua análise com o grupo de estagiários e, depois das as apresentações dos colegas, indique as tendências de conteúdos e os objetivos consensuais nas obras analisadas pelo grupo.
3. Leia os objetivos de aprendizagem que seguem e, em pares, elabore duas atividades: uma para atender ao objetivo 'a' e a outra para satisfazer o objetivo 'b'. Redija as instruções em inglês e prepare o material necessário para a sua implementação no grupo de estagiários. Depois de aplicar as atividades com eles, peça o *feedback* para uma análise conjunta de sua proposta pedagógica.
   Learning objectives:
   a. *Understanding the difference among an offer, a request and an invitation.*
   b. *Comparing two music videos.*
4. Redija o objetivo de aprendizagem para cada uma das atividades a seguir.
   Activity 1. *Choose a movie for a friend based on the descriptions that follow. S/he is a fan of action movies.*
   Activity 2. *Send a WhatsApp voice message to that friend asking if s/he has already watched the movie you chose. First, write your message in English on a separate sheet of paper. Then, record and send it to your friend's WhatsApp.*
   Activity 3. *Respond to your friend's voice message with a written text.*

5. A atividade que segue aborda o tema *Brazilian legends* e foi elaborada para uma turma de 7º ano do ensino fundamental. Suponha que o professor regente tenha lhe pedido para aplicá-la. Partindo do princípio de que toda aula deve ser bem planejada, redija um plano de aula para a aplicação da atividade 1. Feito isso, apresente a sua proposta para o grupo de colegas estagiários para uma reflexão e análise conjunta. Se necessário, faça uma revisão da sua proposta para ser aplicada na escola.

Activity 1. Read the text "Curupira: history, characteristics and origin of the legend" found at https://forma-slova.com/en/articles/25771-curupira-history-characteristics-and-origin-of-the-legend and make a PowerPoint presentation in Portuguese with two slides, maximum, with the most relevant information of the text for an audience who do not know about the Curupira legend.

Tipos de atividades de ensino-aprendizagem

Neste capítulo você vai conhecer a diferença entre três tipos de atividades de ensino de língua estrangeira: exercícios, atividades comunicativas e tarefas para compreender as implicações da escolha de cada uma na aprendizagem dos alunos. Também vai se familiarizar com a noção de tarefa focada (*focused task*) como proposta de trabalho para o ensino-aprendizagem de formas linguísticas específicas em contexto de uso situado e propositado da língua inglesa.

ATIVIDADES DE LÍNGUA

O vocábulo "atividade" refere-se às inúmeras propostas de trabalho que o professor desenvolve para promover a aprendizagem dos alunos dentro e fora de sala de aula. É um termo genérico ou guarda-chuva envolvendo diferentes tipos de exercícios, atividades comunicativas, tarefas, conversação, jogos, brincadeiras, dinâmicas, pesquisa etc., que diferem entre si pelo seu propósito pedagógico.

Segundo Xavier e Meurer (2007), uma atividade de ensino é considerada um texto, pois expressa simultaneamente um significado ideacional, interpessoal e textual. O significado ideacional corresponde ao assunto ou tema abordado na atividade, podendo abranger desde questões linguísticas até assuntos do cotidiano do aluno para algum trabalho efetivo com a linguagem. O significado interpessoal consiste na relação hierárquica entre o produtor da atividade (professor/outro elaborador) e os alunos. Muitas vezes, é o professor quem organiza textualmente a atividade por meio de enunciados escritos ou orais, cabendo aos alunos realizar o que lhes é pedido. O significado textual, por sua vez, confere à atividade pedagógica uma estrutura composicional formada pelas instruções e, em muitos casos, por dados informacionais (*input data*) como figuras, gráficos, textos informativos, conteúdos em vídeo etc.

Nos espaços de educação linguística formal e informal, as atividades de ensino são formas de comunicação com os alunos e apresentam a função social de promover a aprendizagem de conhecimentos, habilidades, competências, capacidades comunicativas etc. (Xavier, 2020). Elas compõem os livros didáticos; e os seus diferentes formatos e tipos diversificam o ensino. O que distingue uma atividade de outra é a perspectiva de aprendizagem que cada uma carrega. Os exercícios, por exemplo, seguem uma visão de aprendizagem pautada no conhecimento linguístico. O seu uso em sala de aula, portanto, pressupõe o ensino de vocábulos e estruturas. Alguns tipos de jogos também podem compartilhar desta mesma perspectiva de aprendizagem, sendo denominados de "jogos de vocabulário e gramática". Por outro lado, há atividades que seguem uma visão de aprendizagem voltada para o uso social da linguagem, como as atividades comunicativas, as tarefas e as atividades de pesquisa. Elas demandam algum tipo de ação comunicativa por parte do aluno sem a necessidade de o professor ensinar estruturas linguísticas previamente.

Nem sempre é fácil distinguir determinadas atividades, como é o caso do exercício e da tarefa. Isso se deve à modernização dos exercícios que, às vezes, parecem se disfarçar de tarefas (ou de atividades comunicativas) ao incorporarem no seu *design* elementos que fomentam a interação e a realidade próxima dos alunos. O elemento interativo está presente quando um ou mais interlocutores são considerados na prática de uma estrutura, como na seguinte atividade: "*Observe the image of a beach scene. Work in pairs. Take turns to say what is happening in the picture*". Este exercício é confundido, muitas vezes, com uma atividade comunicativa pelo fato de engajar os alunos em uma troca de falas com o colega. O contexto criado não se configura como interativo, pois, embora haja falas de ambos os lados, não existe uma lacuna de informação ou um propósito comunicativo para o qual os interagentes comunicam algo. Em outras palavras, por que relatar ao colega o que está acontecendo em uma figura se ele próprio pode vê-la? O objetivo da atividade é praticar a produção de sentenças no presente contínuo, como: "*Some people are swimming*"; "*Some kids are playing in the sand*" etc. O propósito é linguístico.

Elementos voltados para a realidade dos alunos também se apresentam em alguns exercícios para fazer parte do contexto criado para o uso da gramática, como a presença de diálogos do cotidiano, o uso de temáticas próximas da vida dos alunos, recursos pedagógicos próprios da idade (músicas, vídeos, jogos) e maior sofisticação nas demandas cognitivas. Tais elementos podem encobrir a identidade de um exercício e levar o professor a pensar que está trabalhando com uma atividade comunicativa. É importante, portanto, conhecermos o que fundamenta as diferentes atividades de ensino para não sermos influenciados por materiais didáticos que dizem ser comunicativos quando, na realidade, priorizam atividades com foco na gramática. Assim, convido você a conhecer as noções de exercício, atividade comunicativa e tarefa.

Exercícios

Um exercício é uma atividade que requer o emprego correto de vocabulário e/ou de formas gramaticais previamente ensinadas. Sua função é engajar os alunos na prática do que foi ensinado para promover o domínio do conhecimento linguístico. São atividades altamente guiadas e controladas linguisticamente.

Nos anos de 1950 e 1960, a teoria de aprendizagem behaviorista exerceu forte influência no ensino de línguas estrangeiras e, nesta época, os exercícios eram mecânicos (*drills*), com foco na prática de padrões (*pattern practice*), visando criar bons hábitos linguísticos (precisão gramatical) e analogias corretas por meio de processos de generalização e discriminação (Richards e Rodgers, 2014). Os exercícios mais comuns eram a repetição (*repetition*), a substituição (*substitution*), a expansão (*expansion*), a transformação (*transformation*), a restauração (*restoration*) e o preenchimento de lacunas (*completion*). O Quadro 4 apresenta um exemplo de cada tipo.

Quadro 4 – Exemplos de exercícios estruturais

Repetition	Repeat after me... I used to go to the cinema.
Substitution	Replace the underlined item with the word in parentheses. Make the necessary changes. a) I brush my teeth. (She)
Expansion	Use the given words in the sentences. a) She visits her parents (frequently).
Transformation	Put the sentences into the interrogative form. a) He knows my name is John.
Restoration	Put the words into the correct order to make sentences. a) do/know/bees/What/you/about?
Completion	Complete the sentences with a reflexive pronoun. a) She doesn't live by _____. She lives with friends.

Os exercícios daquela época eram elaborados para praticar as estruturas em frases soltas. Importava conhecer o significado semântico das palavras. Não tinham compromisso com o contexto de uso comunicativo da língua, que prioriza o significado pragmático. Eram assim elaborados em virtude da hegemonia e influência do estruturalismo, uma abordagem de língua que tinha como princípio a estrutura relacional dos elementos que constituem a língua para a compreensão do seu funcionamento. No ensino de línguas estrangeiras, essa abordagem implicava estudar esses elementos e praticá-los por meio de exercícios mecanizados, descontextualizados e repetitivos, como defendia a teoria de aprendizagem behaviorista.

Os exercícios apresentados no Quadro 4 seguem o método dedutivo de ensino, o que significa dizer que determinados itens gramaticais neles presentes foram previamente apresentados e explicados pelo professor ou por algum esquema oferecido no livro didático. São, portanto, exercícios de aplicação de regras já ensinadas. Por outro lado, há exercícios que seguem o método indutivo de ensino, assumindo outro formato para engajar os alunos na análise e descoberta de regras com base em amostras linguísticas oferecidas, como no exemplo a seguir:

> **Exercise 1.** *In pairs, analyse the sentences below. What is the meaning of 'much' and 'many' in*
>
> a. *I don't have <u>much</u> money.*
> b. *There's <u>much</u> sugar in my coffee.*
> c. *You don't have <u>much</u> time.*
> d. *Bill has <u>many</u> properties in São Paulo.*
> e. *There aren't <u>many</u> people in the party.*
> f. *There aren't <u>many</u> oranges in the box.*

Neste exemplo, os alunos devem descobrir a regra que explica o uso dos quantificadores *"much"* (muito/a) e *"many"* (muitos/as). O primeiro é usado antes de substantivos incontáveis, enquanto o segundo acompanha substantivos no plural/contáveis.

Com o início do movimento comunicativo de língua estrangeira, no início dos anos de 1970, os exercícios passaram a ter outra forma de apresentação para atender aos propósitos da abordagem funcional de ensino. Como Bardovi-Harlig (2007: 57) explica, "o princípio básico das abordagens funcionais é a centralidade do significado e da função [...]. A língua serve à comunicação e a forma serve à função". Em outras palavras, com as abordagens funcionais de ensino importava criar situações de comunicação para o uso das funções comunicativas da linguagem, como: fazer um pedido, convidar, aceitar/recusar, expressar surpresa, recomendar, perguntar onde mora etc. Elas constituem o aspecto interacional da linguagem e estabelecem os propósitos para o quais as pessoas usam a língua. As suas possíveis realizações são definidas conforme a situação de comunicação criada em sala de aula, variando de acordo com a relação social estabelecida no diálogo apresentado ou praticado (de assimetria ou não), com estruturas mais ou menos formais da língua.

Com o surgimento da abordagem funcional de ensino, os exercícios mudaram de *design*, incorporando um contexto de situação e um interlocutor para se transformarem em exercícios interativos. Assim sendo, em vez de aprenderem o passado simples, os alunos estavam, agora, falando de coisas que aconteceram no passado (*asking and answering about past experiences*).

À época, muitos materiais de ensino de língua inglesa restringiam o contexto situacional do discurso ao uso e à prática da função comunicativa alvo, enquanto outros utilizavam as funções comunicativas como estratégia velada para a apresentação de um ponto gramatical. Com base nessas tendências, o papel dos exercícios passou de prática estrutural descontextualizada para a prática contextualizada de estruturas por meio de exercícios interativos ou também denominados de "atividades pré-comunicativas" (Littlewood, 1981, 2013). Vejamos alguns exemplos.

> *Exercise 2. Your friend makes a lot of suggestions, but you feel too tired to do anything.*
>
> Student 1: Shall we go to the cinema?
> Student 2: Oh no, I don't feel like going to the cinema.
> Student 1: Shall we have a swim?
> Student 2: Oh no, I don't feel like having a swim. (Littlewood, 1981: 10)
>
> *Exercise 3. The learner sees a picture of a park.*
>
> Student 1: Shall we go to the cinema?
> Student 2: No, I'd rather go to the park. (Littlewood, 1981: 11)

O objetivo do Exercício 2 é engajar o aluno numa troca conversacional em que ele deve recusar um convite utilizando a estrutura "*I don't feel like* + gerúndio". No Exercício 3, a prática está no uso de vocabulário referente a lugares (*park, museum, zoo* etc.) e da função "recusar um convite e sugerir uma alternativa" (*No, I'd rather go to*...). No último exercício, a resposta dos alunos vai depender da figura do local que o professor vai mostrar indicando a preferência que o aluno deve expressar. Ambos os exercícios praticam determinadas formas linguísticas em trocas conversacionais isoladas do discurso, de um contexto interativo maior no qual essa troca poderia ter acontecido. Não avançam, portanto, na perspectiva de uso real da linguagem.

No Exercício 4, a seguir, a língua se apresenta em contexto discursivo.

> *Exercise 4. The students reply on a town plan.*
> Student 1: Excuse me, where's the post office?
> Student 2: It's opposite the theater.
> Student 1: Thank you.
> Student 2: You're welcome.

Neste exemplo, os alunos devem se reunir em duplas e imaginar estar em uma situação em que precisam solicitar a localização de determinados estabelecimentos, tendo em mãos um mapa de rua. A situação criada possibilita a produção de um discurso dialogado com início, meio e fim. No entanto, para a implementação dessa atividade, as preposições de lugar (*opposite, next to, in front of* etc.) teriam que ser previamente introduzidas para os alunos praticarem a função comunicativa "pedir e dar direções de rua". Trata-se, portanto, de uma prática gramatical em contexto discursivo, conhecida como "exercício situacional de gramática" (*situational grammar exercise* – Ellis, 2003), pois promove a prática contextualizada de itens linguísticos previamente ensinados.

Ensinar uma língua estrangeira com base em exercícios pressupõe seguir uma visão atomística de língua (das partes para o todo), sejam elas entendidas como itens linguísticos ("tijolos"), sejam entendidas como fórmulas linguísticas ("paredes"), metáforas já explicadas no capítulo "O planejamento". Essa visão é criticada na literatura, pois a aprendizagem de uma língua é um processo que depende mais do aluno do que do professor, pois é o aluno quem regula o próprio sistema linguístico interno. Nesse sentido, o desenvolvimento do conhecimento linguístico do aluno não segue o ordenamento externo imposto pelo professor ou pelo livro didático; segue a capacidade de o próprio aluno processar a língua por meio do significado da linguagem em uso. Essa capacidade permite que os alunos construam a sua interlíngua, ou seja, a sua língua não nativa com base nas amostras de linguagem a que estão expostos.

A interlíngua do aluno está sempre se reestruturando à medida que ele vivencia a linguagem em uso, quando interage por meio da leitura, da produção escrita, da compreensão e produção oral para algum propósito comunicativo. Selinker (2013), um estudioso da área da interlíngua, afirma que a experiência e a pesquisa têm mostrado que as interlínguas nunca são perfeitas em termos de língua-alvo, pois são permeáveis à influência dos sistemas de regras da língua materna dos alunos e da língua estrangeira. Isso não significa dizer que os exercícios dariam conta das "imperfeições" existentes nas interlínguas dos alunos ou, ainda, que as atividades comunicativas poderiam ter esse papel. O que importa compreender é que os exercícios não podem constituir a base do desenvolvimento da interlíngua dos alunos, mas podem conviver com práticas de ensino voltadas para a comunicação. Esse convívio pode ser salutar quando o professor diagnostica erros comuns na produção dos alunos e decide esclarecer as formas corretas e, em seguida, propõe exercícios interativos e contextualizados; porém, isso não é garantia de que vão aprender a usar as estruturas corretamente em situações futuras, pois, com base na Teoria da Processabilidade (Pienemann, 1998, 2015), os alunos podem não estar no estágio de desenvolvimento linguístico que os permita processar a estrutura-alvo e avançar para o próximo nível.

Para concluir, os exercícios não devem se tornar os protagonistas do processo de ensino, mas podem estar a serviço das atividades comunicativas quando problemas linguísticos são diagnosticados na produção dos alunos.

Atividades comunicativas

Uma atividade comunicativa tem como objetivo criar uma situação de uso da língua estrangeira. Algumas premissas são essenciais para o seu *design*, como (a) a oportunidade de o aluno fazer escolhas linguísticas ou usar os próprios recursos de língua para se comunicar; (b) o foco sobre **o que** dizer, não necessariamente sobre **como** dizer, embora ambos estejam inter-relacionados; (c) a observância do princípio da informatividade (*information-gap principle*); e (d) a possibilidade de negociar significados quando há falhas na comunicação. O princípio da informatividade consiste em o aluno ter uma informação nova e útil para compartilhar com o colega que não a tem. Para isso, deve haver uma lacuna de informação (*information gap*) a ser preenchida durante a interação.

É comum as pessoas pensarem que uma atividade comunicativa é sinônimo de oralidade. Esse equívoco deve ser superado, pois comunicar-se em uma língua estrangeira transcende a produção e compreensão oral (*speaking* e *listening*) para também incluir a leitura (*reading*), a produção escrita (*writing*) e a comunicação não verbal (gestos, expressões faciais, desenhos, fotos etc.).

Atividades comunicativas de produção oral e escrita podem envolver maior ou menor grau de controle linguístico. Vejamos alguns exemplos:

Activity 1. *Interview your partner using the following questions.*

a) *How many brothers and sisters do you have?*
b) *How old are they?*
c) *What do they do?*

Activity 2. *Write a postcard to a friend. Use the postcard in Activity 1 to help you. Say:*

- *where you are*
- *where you're staying*
- *where you're writing the card*
- *what you're doing*
- *if you're enjoying yourself*

(Greenall, 1997: 35)

Activity 3. Partner A

You meet B in the
A: Greet B
B:
A: Ask B where he is going.
B:
A: Suggest somewhere to go together.
B:
A: Accept B's suggestion.
B:

Partner B

You meet A in the
A:
B: Greet A
A:
B: Say you are going for a walk.
A:
B: Reject A's suggestion. Make a different suggestion.
A:
B: Express pleasure.

(Littlewood, 1981: 14)

Na Atividade 1, perguntas são fornecidas para os alunos interagirem na língua inglesa. Na Atividade 2, cabe a eles escrever um cartão-postal, seguindo o que é pedido para dizer ("*where you are*", "*where you're staying*" etc.). As formas linguísticas podem ser acessadas no cartão-postal da atividade anterior ("*Use the postcard in activity 1 to help you*"), mas há certa flexibilidade na medida em que novas informações devem ser incluídas (*"what you're doing"*, *"where you're writing the card"* etc.). Nessa atividade, o controle linguístico é menor em relação ao esperado na Atividade 1, que apresenta as perguntas já formuladas para os alunos sem espaço para a criação.

A Atividade 3 é de *role play* e os alunos interagem com base em um cartão que recebem contendo dicas sobre o que dizer (*"Greet B"*; *"Ask B where he is going"* etc.) e quando dizer, conforme a sequência de falas fornecidas no cartão. Trata-se de um *cued dialogue* para a prática de funções comunicativas. Assim como as anteriores, a Atividade 3 é guiada, mas os alunos podem ter uma margem maior de escolhas linguísticas para expressarem as funções comunicativas definidas em seu cartão. Por exemplo: *"Suggest somewhere to go together"* (Possibilidades: *"What about going to the park?/ Why don't we go to the park?/Let's go the park./We could go to the park./We might perhaps go to the park."*).

Nos exemplos a seguir, o controle linguístico é ainda menor se comparado às Atividades 1, 2 e 3. São exercícios com compartilhamento de dados entre os alunos para, juntos, resolverem algo.

> *Activity 4*. In pairs. Student A will receive three pictures of a living room, each one containing a number of distinguishing features. Student B will receive a duplicate copy of just one of these pictures. Student A is supposed to find out which picture Student B is holding by asking him/her questions about it.
>
> (Littlewood, 1981: 25)

> *Activity 5*. In pairs. Student A will receive a card with a table showing distances between various towns. However, some items of information have been deleted from the table. Student B will also receive a card with an identical table, except that different items of information have been deleted. Students A and B are supposed to complete their own tables by asking each other the information that s/he lacks.
>
> (Littlewood, 1981: 25)

Na Atividade 4, o aluno A tem três figuras diferentes de uma sala de estar, enquanto o aluno B possui uma delas. Cabe ao aluno A descobrir qual de suas três figuras é a mesma de seu colega. Para isso, necessita fazer perguntas a ele. É um exercício de mão única (*one-way information-gap*), pois somente um aluno (aluno B) detém as informações que o colega necessita saber. A Atividade 5 também é realizada em díades. Cada estudante recebe informações específicas que devem ser compartilhadas com o colega para completar uma tabela com as distâncias entre várias cidades. Essa atividade é de mão dupla (*two-way information-gap*), pois tanto o aluno A como o aluno B têm informações a compartilhar.

As interações propostas nas Atividades 4 e 5 mobilizam os recursos linguísticos próprios dos alunos sem o controle do professor. O que interessa a essas atividades não é a produção gramaticalmente correta da língua inglesa, mas a superação da lacuna de informação. Nesse sentido, o foco reside nos significados a serem comunicados, e não nas formas linguísticas a serem aprendidas. O Quadro 5 traz outros exemplos de atividades comunicativas para uma breve análise, desta vez abordando as habilidades de leitura e escrita.

Quadro 5 – Exemplos de atividades comunicativas de leitura e escrita

Reading	1. *Match the descriptions of suspects with their photographs.* 2. *Read the cartoon and answer the questions in Portuguese.*
Reading and writing	3. *The PowerPoint slides below were made for an oral presentation about MUSIC, but some pieces of information are not coherent with the titles. They are badly organized. Reorganize the information using only three slides. For each one, consider a title and its corresponding items.* (Xavier, 2015: 135)

Writing	4. *Complete this conversation that takes place in a fast food restaurant.*
	   Assistant: Good afternoon. Can I help you?
	   Customer: Yes, _____.
	   Assistant: Would you like a regular or a large coke?
	   Customer: _____.
	   Assistant: Would you like anything else?
	   Customer: _____.
	   Assistant: What flavour would you like?
	   Customer: _____.
	   Assistant: Ok.
	   Customer: _____.
	   Assistant: That's four pounds fifty.
	   Customer: _____.
	   Assistant: Thank you. (Adaptado de Greenall, 1997: 58)
	5. *Make a list of six typical things that cats tend to do.* (Willis e Willis, 2007: 70)
	6. *Arrange the pictures below in the correct order and write a story.* (Willis e Willis, 2007: 70)

Antes de começarmos a analisar os exemplos do Quadro 5, é importante mencionar que as atividades comunicativas podem ou não apresentar um propósito comunicativo no seu *design*. A Atividade 3, no quadro apresentado, é a única que define um propósito comunicativo para o uso da língua. A leitura dos *slides* deve ser feita com o objetivo de reorganizar os conteúdos e, assim, produzir um conjunto coerente de *slides* para a apresentação do assunto. Essa atividade é denominada "tarefa" (*task*). As demais não definem um propósito comunicativo para a ação de "associar descrições a fotos" (Atividade 1), de "responder às perguntas de compreensão" (Atividade 2), de "completar um diálogo" (Atividade 4), de "listar coisas que um gato costuma fazer" (Atividade 5) e de "contar uma história" (Atividade 6). Todas elas são atividades comunicativas do tipo "não tarefa" pela ausência de um propósito comunicativo para as ações solicitadas.

As atividades apresentadas e analisadas nesta seção consideram a língua inglesa em seu contexto de uso e, portanto, são conhecidas como atividades comunicativas. Algumas são mais ou menos controladas linguisticamente; outras definem (ou não) um propósito comunicativo no seu *design*. Ao estabelecerem um propósito para a comunicação, assumem a identidade de uma tarefa (*task*), que pode ter (ou não) vínculo com a realidade social dos alunos, um assunto a ser discutido na próxima seção.

Tarefas

Tarefa é uma atividade comunicativa que propõe o uso da língua estrangeira para realizar algum propósito comunicativo. É esse elemento que a diferencia de outras atividades e aproxima os alunos do que as pessoas fazem com a linguagem no mundo real.

Vejamos o seguinte exemplo: "*Create a meme in English based on the image below*". Seu *status* não é de tarefa, pois não estabelece um propósito para a criação do meme; mas constitui uma atividade comunicativa por considerar três premissas já mencionadas na seção anterior: a oportunidade de o aluno fazer escolhas linguísticas ou usar os próprios recursos de língua para se comunicar, o foco sobre o que dizer e a observância do princípio da informatividade. No entanto, ela poderia ser convertida em uma tarefa se um contexto de situação fosse criado com o seguinte enunciado:

"*Create a meme in English based on the image below to participate in the 'best funny meme' competition in the school*". Nesse exemplo, um propósito comunicativo é definido. Os alunos devem criar um meme humorístico para participar de uma competição que, na prática, o professor vai organizar. Observa-se, portanto, que uma atividade comunicativa pode se transformar em uma tarefa e vice-versa.

As tarefas podem ser elaboradas para retratar o que as pessoas fazem quando interagem entre si e com os textos no mundo real. A tarefa anterior, relacionada ao meme, é considerada uma "tarefa de mundo real" (*real world task*) ou uma "atividade de interação social" (*social interaction activity*), pois a situação criada para o uso da língua inglesa pode acontecer na vida dos alunos. As pessoas participam de concursos e competições de melhor música, poema, dança, paródia, *jingle*, meme etc. Outro exemplo é a Tarefa 1, a seguir, que tem como propósito comunicativo a compra de um bolo; daí a necessidade de o aluno interagir com o colega para realizar a transação de compra e venda. Muito provavelmente, essa transação vai envolver a negociação de significados, uma vez que o aluno B não tem o produto que o aluno A deseja (*chocolate cake*). É uma tarefa de *role play*.

> ***Task 1**. CARD A: You are a customer in a cake shop. You want a birthday cake for a friend. He or she is very fond of chocolate.*
> *CARD B: You are a shop assistant in a cake shop. You have many kinds of cake, but not chocolate cake.*
>
> (Ur, 1991: 132)

Existem tarefas que não refletem situações de comunicação do mundo real, conhecidas como "tarefas pedagógicas" (*pedagogic tasks*). Por exemplo: "Finalizar a planta baixa de um apartamento com base nas instruções fornecidas e desenhar uma similar, com outra distribuição, para o colega escolher qual delas prefere". Essa tarefa suscita um comportamento comunicativo de língua por parte dos alunos, pois requer a leitura de um conjunto de instruções que irão ajudá-los a concluir o desenho de uma planta baixa. Entretanto, ela não se caracteriza como uma ação vivenciada fora de sala de aula e, por essa razão, recebe o nome de tarefa pedagógica.

A classificação de tarefas em "mundo real" e "mundo pedagógico" não visa estabelecer uma dicotomia para qualificar ou desqualificar uma ou outra, mas informar ao professor que uma tarefa estabelece vínculos com a noção de autenticidade, seja ela situacional, seja ela interacional ou funcional. Essas noções serão tratadas no capítulo "Elaboração de atividades e unidades de ensino".

A noção de tarefa não envolve ensino prévio de estruturas gramaticais. Por essa razão, os alunos precisam mobilizar os próprios recursos linguísticos para a sua realização. Nesse caso, como um aluno iniciante ou com pouco conhecimento da língua inglesa poderia realizar uma tarefa? A fim de responder, vamos retomar aquela tarefa de criação de um meme. Para realizá-la, os alunos teriam que se engajar em atividades comunicativas prévias contendo amostras de memes humorísticos; assim, poderiam ter uma ideia de como produzir seu próprio meme. Os textos devem ser curtos e sem muita complexidade para serem utilizados nas atividades de pré-tarefa, como: (a) *"Read the two memes below and decide which one is funnier. In Portuguese, explain why you found it to be more humorous."*; (b) *"Observe this image and decide which of the following lines would make the funniest meme."* etc. Elas formariam, assim, andaimes para a realização da tarefa final de criação de um meme humorístico, além da ajuda de recursos como o dicionário e do *feedback* do professor.

Há tarefas cujo *design* predispõe o uso de determinadas estruturas linguísticas, mas é preciso ter cautela para não achar que a atividade teria que considerar o ensino prévio dessas estruturas, pois ao ensiná-las a tarefa se converte em um exercício. Seria assumir que a aprendizagem de uma língua estrangeira deve partir do ensino de estruturas em vez de experiências com o uso da linguagem para a construção de significados próprios. Na tarefa a seguir, o uso de comparativos é inevitável.

Task 2. *Compare the sandwiches below with the intention to persuade your classmate that sandwich 1 is better than sandwich 2 OR that sandwich 2 is better than sandwich 1. Give convincing arguments for your position, in English.*

Sandwich 1   Sandwich 2

(Adaptado de Xavier, 2015: 29)

Nesta tarefa, o aluno deve trazer argumentos para dizer que sanduíche é melhor do que o outro. Muitos poderão responder: "*Sandwich 1 is healthier, because it has more vegetables.*"; "*It has more layers.*"; "*It has less calories.*"; "*It is softer.*". Ou: "*Sandwich 2 is more delicious.*"; "*It is tastier.*"; "*It has more meat.*"; "*It is more attractive.*".

Suponhamos que um professor de Inglês decida ensinar os comparativos antes de os alunos realizarem a Tarefa 2. Ao fazer isso, ele parte do seguinte objetivo de aprendizagem: usar corretamente as formas comparativas do inglês em um contexto de uso comunicativo da língua. A proposta inicial de tarefa é, portanto, adulterada para satisfazer a visão de aprendizagem calcada nas estruturas da língua. Seguindo a noção de tarefa, o professor teria que ter em mente o foco no dizer e, para isso, precisaria construir tarefas ou atividades comunicativas prévias de leitura para expor os alunos a amostras discursivas que comparam dois elementos (produtos, objetos, cidades). Dessa forma, uma boa quantidade de insumo linguístico seria processada pelos alunos antes de se engajarem na realização da Tarefa 2. Assim, o uso dos comparativos seria feito com base nas experiências dos alunos com as atividades prévias sem o ensino explícito da gramática. Isso implica não temer a ocorrência de erros, pois o que importa são as experiências dos alunos com o uso comunicativo da língua inglesa. A precisão gramatical pode ser trabalhada em momento posterior. A criação de andaimes é, portanto, uma opção metodológica que se apoia na perspectiva de aprendizagem holística com base em vivências com práticas de linguagem na língua inglesa. É essa perspectiva que fundamenta o uso de tarefas. Este assunto é discutido em profundidade no capítulo "Elaboração de atividades e unidades de ensino".

A noção de tarefa segue modelos teóricos que enfatizam a importância da interação social, a aprendizagem baseada no uso e a aquisição implícita e incidental da língua estrangeira, em oposição à perspectiva de aprendizagem explícita que orienta os exercícios e algumas atividades comunicativas. Para promover a aprendizagem implícita/incidental, os alunos são expostos a contextos de uso comunicativo da língua estrangeira para poderem perceber, processar e adquirir estruturas por si mesmos. Assim, as formas linguísticas são aprendidas por meio do significado pragmático da língua. O ensino por tarefas segue, portanto, uma perspectiva holística de língua, ensino e aprendizagem.

Vários autores afirmam que o ensino voltado exclusivamente para o significado, como é o caso do ensino baseado em tarefas (*Task-Based Language Teaching* – TBLT) e do ensino por conteúdos (*Content and Language Integrated Learning* – CLIL), não ajuda o aluno a desenvolver a precisão gramatical e a complexidade linguística na língua estrangeira, pois, ao buscar compreender o significado da língua em uso, o estudante tende a focar sua atenção mais no conteúdo das informações do que na forma linguística, que acaba sendo sacrificada. Por essa razão, é importante que o ensino de inglês reserve momentos para o foco na forma por meio de atividades significativas.

O uso prioritário de tarefas não significa, necessariamente, que a forma linguística deva ser ignorada. Algum foco explícito sobre determinados aspectos linguísticos pode ser necessário, mas o momento para isso é posterior às tarefas.

O Quadro 6, a seguir, resume as principais diferenças entre os exercícios, as atividades comunicativas e as tarefas.

Quadro 6 – Exercícios, atividades comunicativas e tarefas e suas perspectivas de língua, ensino e aprendizagem

	Exercício	Atividade comunicativa	Tarefa
Definição	Atividade voltada para o emprego correto de uma ou mais formas linguísticas.	Atividade voltada para o uso comunicativo da língua.	Atividade voltada para o uso comunicativo da língua, visando atingir um propósito comunicativo.
Objetivo	Praticar estruturas linguísticas ou vocábulos previamente ensinados de forma (des)contextualizada (prática gramatical).	Praticar o uso de funções comunicativas previamente apresentadas em diálogos e o uso de estratégias de compreensão e produção de língua (prática comunicativa).	Praticar a língua para propósitos comunicativos em situações criadas para retratar (ou não) o mundo real, utilizando recursos linguísticos próprios (prática social).
Visão de língua	Atomística (das partes para o todo).	Holística (do todo para as partes).	Holística.
Visão de ensino	Pré-ensino de vocabulário e de estruturas por método dedutivo ou indutivo e de forma (des)contextualizada.	Apresentação de situações para a compreensão e a produção de funções comunicativas e de conteúdos informacionais.	Atividades andaimes para a familiarização dos alunos com a língua a ser produzida ou compreendida na tarefa.
Visão de aprendizagem	Explícita.	Implícita e explícita.	Implícita, incidental, baseada no uso.

67

QUE TIPO DE ATIVIDADE PRIORIZAR NA PRÁTICA DOCENTE?

Vimos que o ensino exclusivamente voltado para o uso de exercícios pressupõe a ideia de que o domínio da gramática e do vocabulário possibilita o desenvolvimento da competência linguístico-comunicativa dos alunos. Essa perspectiva não mais se sustenta em virtude dos inúmeros estudos em aquisição de língua estrangeira/segunda língua, que mostram que a aprendizagem não se orienta pelos conteúdos linguísticos definidos pelo professor/livro didático. O que vai ser aprendido e a sua sequência está nas mãos dos alunos, pois são eles que constroem a própria interlíngua (sistema linguístico interno), regidos sob a influência de fatores cognitivos, afetivos e psicolinguísticos que estão envolvidos neste processo.

O papel do professor e do livro didático é criar oportunidades para que a aprendizagem da língua aconteça de forma significativa, o que não implica tratar a língua pelas suas partes, como um objeto de estudo, mas como um meio de comunicação. Comunicar-se em uma língua estrangeira, portanto, não quer dizer praticar ou colocar em uso formas linguísticas previamente estudadas.

Assim sendo, as aulas de Inglês precisam priorizar o uso comunicativo dessa língua com a presença majoritária de atividades comunicativas e de tarefas. No entanto, como já mencionado, o ensino exclusivamente voltado para o significado pragmático da língua pode trazer limitações para o desenvolvimento da competência linguística dos alunos. Por essa razão, momentos de ensino explícito e a inclusão de exercícios ou de outros tipos de atividades gramaticais podem ser importantes e, assim, coexistir com as atividades comunicativas e/ou as tarefas que vão liderar a prática pedagógica do professor. Nessa perspectiva, cabe a nós perguntar em que momento a gramática seria abordada. A resposta nos leva a refletir sobre o conceito de gramática e a forma como ela pode ser desenvolvida em sala de aula numa perspectiva de língua como comunicação. É o que vamos discutir na próxima seção.

FOCO NA FORMA

Neste livro, *gramática* refere-se às regras de uso de uma língua em qualquer nível hierárquico – fonológico, morfológico, sintático, discursivo e pragmático –, as quais devem ser consideradas em contextos formais e informais para que os alunos possam compreender as suas diferentes manifestações.

No ensino de língua inglesa, é importante que a gramática seja subserviente às necessidades comunicativas dos alunos, pois são essas necessidades que definem a forma linguística a ser abordada e o momento em que ela deve ser trabalhada. Vamos supor que na Tarefa 2 da seção anterior, a qual pede aos alunos para comparar dois sanduíches, três alunos tenham produzido os seguintes enunciados: (1) "*Sandwich 1 is better, because is healthy.*" [sic]; (2) "*Sandwich 2 is more better, because has more meat.*" [sic]; (3) "*Sandwich 2 is better, because is tasty and nutritious.*" [sic]. Os erros que predominam nessas construções são a ausência do sujeito antes do verbo *to be*: "*because is*" [sic]; "*because has more meat*" [sic], quando deveria ser: "*because **it** is*"; "*because **it** has more meat*", e a ausência de morfema indicativo de comparação nos adjetivos ou de um advérbio: "*healthy*" [sic]; "*more better*" [sic]; "*tasty and nutritious*" [sic], quando deveria ser: "*health**ier***"; "***much** better*"; "*tast**ier** and **more** nutritious*". Tais problemas foram diagnosticados depois de a tarefa ser realizada, seguindo uma perspectiva diagnóstica de desempenho dos alunos, e realizada com base nos erros mais frequentes. Para o tratamento, atividades gramaticais poderiam ser propostas. Nesse caso, o foco na forma seria realizado *a posteriori* para tratar dos problemas apresentados pelos alunos no contexto de uso comunicativo da língua inglesa (*reactive focus on form*).

O termo *foco na forma* é utilizado neste livro para substituir o termo *gramática*, pois o primeiro apresenta conotação mais ampla, linguística e cognitiva, considerando que os alunos podem absorver estruturas da língua em contexto de comunicação de modo incidental, assim como o professor, que pode definir a forma linguística que deseja focar a atenção dos alunos, seja de modo implícito, seja de maneira explícita. O foco na forma é, portanto, um procedimento iniciado tanto pelo aluno (*student-initiated focus-on-form*) como pelo professor (*teacher-initiated focus-on-form*).

No primeiro caso, o aluno pode perceber, associar e incorporar, espontaneamente, qualquer estrutura de superfície da língua quando engajado no uso comunicativo da língua inglesa. Pode ainda solicitar ao professor esclarecimentos sobre a língua que está aprendendo. O Quadro 7 mostra alguns exemplos provenientes do estudo de Xavier (1999), particularmente do diário de aulas da professora-pesquisadora, que implementou um programa de ensino temático baseado em tarefas em uma turma de 6º ano do ensino fundamental de uma escola pública, por um ano letivo. Os exemplos estão classificados conforme o foco de atenção dos alunos: pronúncia, léxico, sintaxe e pragmática. A letra A é abreviação de "aluno" e o número que a acompanha especifica esse aluno.

Quadro 7 – Foco na forma iniciado pelos alunos

	Exemplos
Pronúncia	"A8 me perguntou se a pronúncia de 'three' era a mesma que 'tree'. Pronunciei algumas vezes esses vocábulos para que eles percebessem a diferença." (p. 245)
Léxico	"A20 e A4 estavam conversando muito. Percebi que era sobre a tarefa. A20 então me perguntou 'How do I say 'burro' in English?'. Fui ao quadro e escrevi 'stupid', 'dull'. Ela aproveitou e disse 'dull' para A4. Depois de alguns minutos, A4 me perguntou 'How do I say 'chata' in English?'. Fui ao quadro novamente e escrevi 'boring'. Ele, então, disse 'boring' para A20. De imediato, A20 me perguntou 'How do I say 'anta' in English?'. Neste momento, A3 perguntou: 'E veado?'. Disse que a classe não era um zoológico e que parassem com aquela xingação." (p. 209)
Sintaxe	"A22 queria que eu desligasse o ventilador. Disse que o pedido deveria ser feito em inglês. A18 então disse: 'off' e depois 'ventilation'. Disse que ventilador era 'fan'. A22 resolveu finalmente perguntar: 'How do I say 'desliga o ventilador?''. Eu mal comecei a falar e ela disse em português para eu escrever a pergunta no quadro, pois ela e A19 queriam anotá-la em seus cadernos." (p. 212)
Pragmática	"A4 aproveita seu conhecimento sobre números para saber se é possível falar 'forty' em contextos nos quais o número 40 aparece como número de telefone: A4: Por exemplo, se tivesse 40 40. Pode ser 'forty forty'? Teacher: No, no, no. Not forty forty. Four-oh-four-oh." (p. 208)

Fonte: Xavier, 1999.

Quando o foco na forma é iniciado pelo professor, a intenção é atrair ou direcionar a atenção dos alunos para algum aspecto da língua, seja em eventos interativos com a classe, como mostram os exemplos do Quadro 8, seja como procedimento planejado para lidar com os problemas encontrados nas produções dos alunos.

Quadro 8 – Foco na forma iniciado pelo professor

Exemplo 1 *Teacher: Class, today we are going to talk about garbage and pollution.* – A professora escreve *Garbage and Pollution* no quadro – *What's the meaning of this phrase in Portuguese?* *Students:* Lixo e poluição. *Teacher: Right,* lixo e poluição. (Xavier, 2010, p. 87)	**Exemplo 5** *Teacher: Where's your material? Open it, please* (para o *Student 1*). *Student 1: [pej~]* *Teacher: Sorry?* *Student 1: [pej~]* *Teacher: Pen? Do you want a pen?* (Mostrei-lhe uma caneta). *Student 12: [pejdj].* (corrigindo o *Student 1*) *Student 22: [pejdj].* (corrigindo o *Student 1*) *Student 1: Então, eu falei [pejdj].* *Student 22: Você falou [pejg].* *Student 18: Você falou [pɛn].* *Teacher: What did you say? [pejdj]?* *Student 1: [pejdj].* *Teacher: Ah, [pejdj]. Page 29.* (Xavier, 1999: 231)
Exemplo 2 *Student: Teacher, finished!* *Teacher: I've finished.*	
Exemplo 3 *Teacher: Do you agree or disagree with Maria?* *Student: Agree.* *Teacher: I agree.*	
Exemplo 4 *Teacher: There's a problem in this answer. What's the problem?* *Student 20: Teacher, no lugar de 'she' é 'her'?* *Teacher: No, because she é ela.* *Student 17: She é ela.* *Student 24: Teacher, she likes to relax.* *Teacher: Ok. Let me explain. [...]* (Xavier, 1999: 247-8)	

No Exemplo 1, o foco na forma ocorre quando o professor pede o significado da frase *garbage and pollution* ("*What's the meaning of this phrase in Portuguese?*"). O objetivo é checar a compreensão dos alunos para poder (ou não) prosseguir com a conversa sobre o tema da aula. A confirmação é também fundamental para autenticar a resposta dos alunos ("*Right,* lixo e poluição."). Nos Exemplos 2 e 3, o foco na forma acontece por meio do *feedback* corretivo ao uso das estruturas *Finished!* (Acabei!) e *Agree* (Concordo). De modo implícito, o professor reformula a fala incorreta dos alunos para que eles possam perceber o erro e, eventualmente, aprender a forma correta ("*I've finished*" e "*I agree*"). Esse tipo de *feedback* é conhecido como correção implícita (*recast*).

No Exemplo 4, a correção é explícita, pois o professor fornece a forma correta ("*No, because she é ela.*"), que é ecoada na fala do Aluno 17 ("*She é ela.*"). Ao final, o professor faz uso da metalinguagem ("*Ok. Let me explain. [...]*"). Tanto o *feedback* implícito como o explícito são momentos de foco na forma.

No Exemplo 5, o foco na forma é acionado duas vezes. A primeira é quando o professor pede esclarecimento ao aluno ("*Sorry?*"), permitindo a ele repetir o que disse de modo claro e acurado. A segunda tentativa é quando o professor fornece a forma correta como alternativa ("*What did you say? [pejdj]?*"). Ambas as estratégias (pedido de esclarecimento e pedido de confirmação, respectivamente) têm como objetivo promover a revisão de fala por parte dos alunos.

Para resumir, nos exemplos do Quadro 8, o professor direciona a atenção da classe para o significado semântico (Exemplo 1), para a sintaxe (Exemplos 2, 3 e 4) e para a pronúncia (Exemplo 5).

Como já mencionado, o professor pode ainda planejar o foco na forma quando a sua intenção é tratar dos problemas linguísticos observados nas produções dos alunos, e isso pode ser realizado de modo explícito, por meio de comentários gramaticais e explicações seguidas de exercícios interativos, ou de modo implícito, por meio de tarefas focadas (*focused tasks*), assunto da próxima seção.

Tarefas focadas

Uma tarefa focada atrai ou direciona a atenção dos alunos para determinada forma linguística para o aluno percebê-la em seu contexto de uso e relacioná-la ao seu significado ou função. O aluno não é informado sobre a estrutura que deve focar, pois a perspectiva de aprendizagem da forma é incidental. É o mesmo que ler um livro e, como resultado, aprender o significado de algumas palavras. O propósito da leitura não é aprender essas palavras, mas elas podem ser adquiridas como subproduto da leitura. A seguir, vamos conhecer as tarefas focadas de compreensão.

Tipos de atividades de ensino-aprendizagem

TAREFAS FOCADAS DE COMPREENSÃO

Como o nome já sugere, as tarefas focadas de compreensão buscam atrair a atenção dos alunos para determinada estrutura linguística no texto escrito ou falado. Para exemplificar, apresento três tarefas.

Focused task 1. *Read the fable "The hare and the tortoise" and try to understand it. Then, in Portuguese, tell the story to a classmate who has read another fable. Tell him/her the story page by page.*

The hare and the tortoise

One day a hare and a tortoise **argued** about who **was** faster.

1

They **decided** to compete in a race.

2

The hare **ran** very fast.

3

After a while, the hare **turned back** and did not see the tortoise.

4

He then **decided** to stop and relax, but he **fell asleep**.

5

The tortoise slowly **passed** the hare.

6

He **walked** step by step and soon **finished** the race.

7

The hare **woke up** and **ran** very fast, but it **was** too late.

8

"I **won** the race", the tortoise **said**.

9

Focused task 2. *Respond to the statements below with "true", "not true" or "partially true". Then make a summary in English of which type of boy/girl interests you. Share your preferences with the class.*

73

> **ONLY FOR BOYS**
> a. Tall girls _frighten me_.
> b. Insecure girls _confuse me_.
> c. Independent girls _impress me_.
> d. Quiet girls _interest me_.
> e. Talkative girls _bore me_.
> f. Girls with a sense of humor _charm me_.
> g. Lazy girls _disappoint me_.
> h. Serious girls _attract me_.
>
> **ONLY FOR GIRLS**
> a. Tall boys _frighten me_.
> b. Insecure boys _confuse me_.
> c. Independent boys _impress me_.
> d. Quiet boys _interest me_.
> e. Talkative boys _bore me_.
> f. Boys with a sense of humor _charm me_.
> g. Lazy boys _disappoint me_.
> h. Serious boys _attract me_.
>
> (Adaptado de Ellis, 1995: 105)
>
> **Focused task 3.** _Let's feed the animals that are visually represented on the board. You will receive two cards with different types of food. Listen to your teacher asking for you to feed the animals. If you have the food card that was mentioned by the teacher, go to the board and fix it below the animal picture._
>
> **Transcript**: _Can you feed the cat with some pet food, please?; Can you feed the pig with some vegetables, please?; Can you feed the rabbit with some lettuce, please?; Can you feed the cow with some grass, please? etc._

A Tarefa Focada 1 é de leitura. Os verbos no passado estão negritados e sublinhados no texto da história "A lebre e a tartaruga" e precisam ser compreendidos para a narrativa ser contada. A saliência dada aos verbos é uma estratégia implícita para os alunos perceberem a forma regular e irregular dos verbos em inglês e criarem hipóteses sobre a formação do passado simples. O mesmo acontece na Tarefa 2, que utiliza a sublinha em frases com verbos psicológicos (_frighten me, impress me, attract me_), que são verbos que expressam um estado mental. Ambas as tarefas fazem uso de insumo destacado (_input enhancement_), isto é, de estruturas que recebem saliência por meio de recursos tipográficos, como negrito e sublinhado, mas poderiam ser letras maiúsculas, fonte diferenciada de letra e cores para destacar a estrutura-alvo.

A Tarefa Focada 3, por outro lado, faz uso de insumo encharcado (_input flooding_), que consiste na alta frequência de determinada estrutura no insumo. O professor repetir, inúmeras vezes, o pedido "_Can you feed_" pode fazer com que os alunos associem a forma linguística (_Can you feed_) e a sua função comunicativa (solicitar algo a alguém). Embora a atenção focal dos alunos deva estar voltada para o nome do animal e do alimento solicitado para poderem atender ao pedido do professor, a estrutura *"Can you feed"* pode ser aprendida incidentalmente como resultado de seu uso frequente na tarefa.

Assim como a Tarefa Focada 3, as Tarefas 1 e 2 também trazem insumo encharcado no seu *design*. Na Tarefa 1, o tempo verbal (passado) é repetido várias vezes no texto, assim como os verbos psicológicos na forma causativa na Tarefa 2. Ambas as tarefas, portanto, combinam insumo destacado e encharcado. A diferença entre elas e a Tarefa 3 está no escopo da estrutura. Em outras palavras, nas Tarefas 1 e 2 diferentes verbos no passado e diferentes verbos psicológicos, respectivamente, são repetidos, enquanto, na Tarefa 3, a repetição é de uma mesma estrutura (*"Can you feed"*).

Tarefas focadas de compreensão podem ser explícitas, como a tarefa de conscientização gramatical (*consciousness-raising task*), que apresenta uma questão linguística a ser resolvida. Os alunos interagem em duplas ou em grupos para analisarem dados linguísticos com a intenção de chegarem ao entendimento de determinada regra. Veja os exemplos 4 e 5 a seguir.

Focused task 4. *In pairs, analyse the sentences below. What is the difference between "much" and "many" in terms of meaning and use in a sentence? Write in English the differences on a separate sheet of paper. Then, arrange your information in one or two slides (maximum) of a PowerPoint presentation for an oral explanation that you and your partner are supposed to make in English to the whole class.*

   a. *I don't have much money.*
   b. *There's much sugar in my coffee.*
   c. *You don't have much time.*
   d. *Bill has many properties in São Paulo.*
   e. *There aren't many people in the party.*
   f. *There aren't many oranges in the box.*

Focused task 5. *Read the poem below and try to understand it. Then, in pairs, discover the two different meanings of LIKE in the poem and, in English, write a text explaining when LIKE is used in each situation. Use your text to report your discoveries to the class.*

   Birds are like people.
   Birds like to fly.
   They like to sing in the sky.
   They like to be free.
   To have fun and be happy.
   Like you... like me.

   (anonymous author)

A Tarefa Focada 4 é parecida com o Exercício 1, apresentado neste capítulo na subseção "Exercícios". Ambos abordam os quantificadores *"much"* e *"many"* pelo método indutivo, mas apresentam propósitos diferentes. Na Tarefa Focada 4, os alunos devem redigir um texto em inglês com as diferenças entre *much* e *many*, considerando a análise que deverão realizar das frases fornecidas. Com o texto pronto, devem montar um ou dois *slides* de PowerPoint com o objetivo de dar suporte a sua apresentação oral na língua inglesa sobre as diferenças de uso dessas palavras. Por ser uma tarefa, ela apresenta um propósito comunicativo que é a apresentação oral da regra para a classe com base nas informações organizadas nos *slides* de PowerPoint. No Exercício 1, por sua vez, os alunos devem responder às perguntas dadas: "*What is the meaning of 'much' and 'many' in Portuguese?*" e "*In which circumstances are they used?*" com base na análise linguística das amostras fornecidas. Responder a essas perguntas não configura um propósito comunicativo, pois não há um compartilhamento de informações, como na Tarefa 4, que requer a organização das informações nos *slides* para uma apresentação oral. O propósito, portanto, é linguístico no Exercício 1, e comunicativo na Tarefa 4.

Outro exemplo de tarefa de conscientização gramatical é a Tarefa Focada 5, cujo produto final é a redação de um texto explicativo em inglês sobre o uso da palavra *"like"* no poema: como verbo (*"Birds like to fly"*) e como preposição (*"Birds are like people"*, *"Like you... like me"*). O texto redigido pelos alunos organiza as suas ideias para o relato oral na língua inglesa.

Para resumir, tarefas de conscientização gramatical demandam informações explícitas por parte dos alunos a respeito de determinado fenômeno da língua, provenientes de uma interação metalinguística (conversa *sobre* a gramática) promovida em duplas/grupos. Essa característica não as torna mais eficazes do que as tarefas contendo insumo destacado e/ou encharcado (Tarefas 1, 2 e 3). O que é possível afirmar, no entanto, é que o conhecimento de uma estrutura – aprendido ou de forma explícita ou implícita – não garante necessariamente o uso correto dessa estrutura em contextos comunicativos futuros. A aprendizagem é um processo que leva tempo. Não parte do princípio de causa e efeito imediato da informação explícita no desempenho comunicativo do aprendiz. Por outro lado, o conhecimento explícito pode ajudar os alunos a perceber a estrutura no contexto de comunicação (*Noticing* – Schmidt, 2012), a relacioná-la com o seu significado e função em contexto comunicativo (*Processing* – Vanpatten et. al., 2013) e a dominá-la caso os alunos estejam no estágio de desenvolvimento propício para a sua aprendizagem (*Processing* – Pienemann, 1998, 2015).

TAREFAS FOCADAS DE PRODUÇÃO

São tarefas que provocam o uso de determinada estrutura linguística em contexto comunicativo de fala/escrita para os alunos perceberem a sua construção. Por ser uma tarefa, não há ensino prévio da forma linguística a ser percebida, pois o objetivo não é praticá-la, mas focar a atenção dos alunos sobre ela. Vejamos alguns exemplos:

> ***Focused task 6***. *Watch a fragment of a movie scene. It takes place in a fast food restaurant. Watch it and guess what is going to happen next. The following hypotheses are out of question: "<u>He is going to buy</u> his breakfast in another restaurant" and "<u>He is going to insist</u> in having breakfast". After watching the scene, write your hypothesis in English. Then, report it to the class.*
>
> ***Focused task 7***. *John can't find his cell phone. Based on the picture below, where can his cell phone be? Share your hypothesis with the class in English. Write your answer before reporting it. Then, listen to John telling where he has finally found it.*
>
>

Na Tarefa Focada 6, o aluno deve adivinhar o que vai acontecer com o personagem principal da cena do filme. Espera-se que o futuro simples (*going to/will*) seja utilizado na formulação da hipótese, mas há também a possibilidade de a resposta ser construída no presente histórico (*He takes a gun from his bag*). Considerando essas duas possibilidades (futuro simples e presente histórico), a Tarefa 6 incorporou uma observação no seu enunciado: "*The following hypotheses are out of question: 'He is going to buy his breakfast in another restaurant' and 'He is going to insist in having breakfast'.*" O objetivo foi exemplificar algumas hipóteses que estariam descartadas da situação e, ao mesmo tempo, exemplificar a forma linguística desejada para a produção escrita e oral dos alunos (*going to*), sem comprometer a natureza comunicativa da atividade. Essa estratégia é uma forma de atrair a atenção dos alunos para o uso do presente contínuo em suas respostas e a sua relação com a ideia de futuro, mas o professor teria que aceitar outras construções, como o presente histórico, por ser outra opção adequada ao contexto, pois o que importa é comunicar-se adequadamente para atingir o propósito comunicativo da tarefa.

A Tarefa Focada 7, por sua vez, pressupõe o uso de preposições de lugar para a formulação de hipóteses sobre onde o celular de John estaria ("*On the wooden box*", "*In the plant vase*", "*Between the books*", "*Behind the books*" etc.). Os alunos podem contar com o uso do dicionário para encontrar a preposição e as palavras que desejam usar e, assim, expressarem a sua hipótese para atender ao propósito comunicativo da tarefa: dar um palpite.

Vale ressaltar que as tarefas focadas de produção são mais difíceis de serem elaboradas do que as de compreensão, pois demandam a criação de um contexto que dê essencialidade ou exclusividade à estrutura linguística visada, e esse é o grande desafio em virtude das inúmeras formas de manifestação linguística e de estratégias comunicativas que o aluno pode dispor para se comunicar.

Para concluir, as tarefas focadas (de compreensão e produção) seguem a perspectiva cognitiva de aprendizagem. Elas partem do princípio de que a atenção dos alunos sobre determinada forma linguística, em uso comunicativo da língua, possibilita a percepção consciente dessa forma (*Noticing*) ou o seu vínculo com algum significado/função (*Processing*), mecanismos que iniciam o processo de aquisição de uma língua.

SÍNTESE

Este capítulo mostrou que os exercícios são atividades de prática mecânica ou interativa de estruturas e vocábulos previamente ensinados com o objetivo de desenvolver o conhecimento linguístico dos alunos. As atividades comunicativas, por sua vez, desenvolvem a capacidade de uso da língua estrangeira para fins comunicativos e concebem a linguagem como uma ação interativa e social, que está acima dos elementos linguísticos que a constituem. Por fim, as tarefas são atividades comunicativas que incorporam um propósito comunicativo no seu *design*. Esses três tipos de atividades (exercícios, atividades comunicativas e tarefas) podem coexistir em um programa de ensino de Inglês, mas o predomínio de um ou outro caracteriza o ensino do professor como estrutural ou comunicativo.

A noção de foco na forma também foi discutida para mostrar que, no ensino comunicativo de língua, as estruturas linguísticas podem receber atenção espontânea por parte dos alunos e ser alvo de perguntas/dúvidas direcionadas ao professor (foco na forma iniciado pelo aluno). Do mesmo modo, o professor pode chamar a atenção dos alunos para determinadas estruturas em eventos interativos com a classe por meio de pedidos de compreensão, revisão de fala e *feedback* implícito ou explícito. Também pode introduzir tarefas focadas de compreensão e produção quando deseja promover a percepção consciente dos alunos sobre determinada estrutura em contexto de uso comunicativo da língua (tarefas envolvendo insumo destacado e/ou encharcado) ou o seu entendimento (tarefas de conscientização gramatical).

LEITURAS SUGERIDAS

ELLIS, R.; BASTURKMEN, H.; LOEWEN, S. Doing focus-on-form. *System*, v. 30, pp. 419-32, 2002.
GONZÁLEZ-LLORET, M. Collaborative tasks for online language teaching. *Foreign Language Annals*, v. 53, pp. 260–9, 2020.

ATIVIDADES PRÁTICAS

1. Diferentes tipos de atividades coexistem nos livros didáticos de língua inglesa. Em pares, escolha um livro de uma coleção destinada ao ensino fundamental ou médio. Selecione dois exemplos de: exercícios, atividades comunicativas e tarefas. Descreva-os para os colegas de estágio e justifique a sua classificação.
2. Responda às próximas perguntas com base nas atividades que seguem.
   a. O que as Atividades 1, 2 e 3 têm em comum?
   b. Compare as Atividades 3 e 4.
   c. Converta a Atividade 5 em uma tarefa.
   d. Como você classificaria a Atividade 6: um exercício, uma atividade comunicativa ou uma tarefa?
   e. O que as Atividades 7 e 9 têm em comum?
   f. Compare as Atividades 7 e 8.

---

1. *Match parts of the sentences.*
   a) While he was crossing the street...   ( ) *a car appeared from nowhere.*
2. *Match questions and answers.*
   a) We use 'what'...   ( ) *to ask about things, facts or activities.*
3. *Match the newspaper headlines and their teasers.*
   a) Where is the school?   ( ) *It's in Saco dos Limões.*
4. *Match the newspaper headlines and their teasers.*
5. *Complete the job application form with your personal data.*
6. *Listen to an airport announcement and fill in the gaps with the correct information.*
7. *You are in a birthday party and a friend tells you that someone is constantly looking at you. You want to know whom the person is. Listen to your friend's description and identify the person from a given set of pictures.*
8. *Listen to the description of a person and identify who is being described from a given set of pictures.*
9. *The whole class is going to visit a zoo. You have a friend who has already visited it. Listen to him telling the route he followed to know the exotic animals. Trace the route on the zoo map you have. Then, find a shorter route.*

3. Em grupos, discuta a classificação das atividades a seguir, trazendo evidências que comprovem a identidade de cada uma.

Exercise	1. The dialogue below is not sequenced correctly. Listen to it and give the correct sequence. Use numbers from 1 to 14. _____ ▪ Hello Sandra. _____ ▪ Half-past seven. _____ • Oh, hello Paul. How are you? _____ ▪ Fine and you? _____ ▪ I can pick you up a quarter to seven. _____ • 477 9372. Hello? _____ • Tonight? Yes, I'd love to. What film is it? _____ • Ok, perfect! _____ ▪ Bye then. _____ ▪ It's "The Lost City". _____ ▪ I'm planning to go to the cinema tonight. I'm calling to invite you. _____ • Oh yes, I'd like to see "The Lost City". What time does it start? _____ • Bye. _____ • I'm all right.
Communicative activity	1. Work in pairs. Ask your partner questions about his or her daily routine. Get up? _____ Lunch? _____ Breakfast? _____ Dinner? _____ School? _____ Go out? _____ 2. Which of these products you like to eat and which ones you do not. Share your preferences with the class.
Task	1. Suppose a friend asks you to translate a message she has received from a guy she met on the internet. Translate it to your friend using your own words. 2. Your friend has sent you a WhatsApp audio message. Listen and respond to it in written text.

4. Quais destas atividades apresentam propósito comunicativo? Especifique-o.
   a. *Unscramble the pictures and tell a story in English.*
   b. *Complete the dialogue below and practice it in pairs.*
   c. *Describe this dog to your classmate.*
   d. *Your friend has posted a video on Facebook. Watch it and make a comment.*
   e. *Read the cake recipe below and check if you have all the ingredients in the fridge and cabinet pictures.*

5. Selecione um livro didático de língua inglesa destinado ao ensino fundamental ou médio e analise as atividades gramaticais, considerando os seguintes aspectos:
   a. Tipologia: São exercícios ou tarefas focadas? De que tipo?
   b. Processo: O que predomina, atividades gramaticais de compreensão ou produção?
   c. Metodologia: Qual é o critério de escolha do ponto gramatical para as atividades?
   d. Visão de língua, ensino e aprendizagem: Quais são as concepções que orientam as atividades gramaticais?

Elaboração de atividades e unidades de ensino

Neste capítulo, você vai se familiarizar com alguns princípios teóricos e critérios básicos para o *design* e a sequência de atividades em unidades de ensino. O objetivo é ajudá-lo a relacionar teoria e prática.

DESIGN DE ATIVIDADES PEDAGÓGICAS

Os livros didáticos são a principal fonte de ideias que os professores de Inglês têm à disposição, e é quase impossível imaginarmos o ensino dessa língua sem esse recurso. Se, por um lado, o livro didático é prático e viável, por outro, ele define temáticas, conteúdos e atividades que nem sempre são de interesse e relevância para os alunos. Além disso, a abordagem de ensino do livro didático pode não corresponder às expectativas do professor que, muitas vezes, deseja inovar. Por essa razão, é importante que o professor de Inglês seja formado para "construir e planejar dispositivos e sequências didáticas"; "estabelecer laços com as teorias subjacentes às atividades de aprendizagem"; "oferecer atividades opcionais [...] *à la carte*" e "favorecer a definição de um projeto pessoal do aluno" (Perrenoud, 2000: 20).

Elaborar uma atividade de língua significa materializá-la na forma de um texto escrito ou oral, partindo dos elementos que a compõem. Seus elementos básicos são as instruções e os dados informacionais. A instrução, escrita ou oral, é elemento obrigatório na textualização de uma atividade. Ela informa o que os alunos devem fazer. Os dados informacionais constituem o material linguístico e não linguístico necessário para a realização da atividade e podem ser um texto acompanhado de perguntas, uma tabela para completar, um conjunto de figuras para ordenar etc. No exemplo: "1. *What rules would you state for the teachers and students of your school? In trios, write two rules for each*", as instruções bastam para o aluno realizar a atividade. No entanto, no exemplo "2. *Listen to two airport announcements and check if you have to embark or not*", os dados informacionais são necessários. Eles compreendem os textos falados (*airport announcements*) e a imagem de um cartão de embarque para os alunos verificarem se devem ou não embarcar.

Quando uma atividade apresenta dados, a instrução deve estabelecer algum elo de coesão entre eles, como na Atividade 2, que quantifica o número de chamadas de aeroporto a serem ouvidas pelos alunos (*two airport announcements*) e vincula o verbo "*check*" (verificar) com o cartão de embarque apresentado, podendo ser o mesmo para toda a turma, ou cada aluno receber um cartão diferente, de modo que alguns poderão embarcar, enquanto outros deverão aguardar.

Toda instrução, escrita ou falada, define o que o aluno deve fazer na atividade, como "ler um texto", "ouvir uma estória", "observar um conjunto de figuras", "completar uma tabela", "interagir com o colega" etc. São ações que os estudantes devem realizar. Nas atividades previamente mencionadas, as ações esperadas são <u>escrever</u> regras para professores e alunos da escola (atividade 1) e <u>ouvir</u> chamadas de aeroporto (Atividade 2).

Um elemento importante na formulação das instruções é o propósito da ação, que pode ser linguístico ou comunicativo. Na Atividade 1, o enunciado não informa o motivo pelo qual os alunos devem formular regras para professores e estudantes da escola. No entanto, é possível supor que seja para praticar o verbo modal "*must*"/"*must not*" na função comunicativa "expressar obrigação". Nesse caso, o propósito é linguístico. Por outro lado, na Atividade 2 o propósito está explicitado nas instruções, que é verificar se o aluno deve ou não embarcar ("*and check if you have to embark or not*"). Há, portanto, uma intenção comunicativa na audição das chamadas de aeroporto, o que torna a Atividade 2 uma tarefa pelo seu propósito comunicativo.

Por fim, as instruções também podem informar as condições impostas para a realização da atividade e isso implica: (a) informações sobre a demanda interacional (*in pairs, in groups* etc.), (b) possíveis observações para o aluno se atentar, (c) procedimentos a serem seguidos, (d) exemplos a serem considerados etc. Com base nas instruções da Atividade 1, a demanda interacional é em trios; na Atividade 2, o trabalho é individual.

A formulação das instruções deve ser clara e informativa, na modalidade escrita ou oral, e preferencialmente na língua inglesa para aumentar as oportunidades de aprendizagem. No exemplo a seguir, a professora Márcia (nome fictício) explica, em inglês, o jogo que vai conduzir na sala de aula, buscando deixar claro em suas instruções os procedimentos, as regras e os exemplos.

Instrução oral: "*Today we are going to play a question-and-answer game* (escrever '*question-and-answer game*' no quadro). *The game will be played in three groups of seven* (escrever '*3 groups of 7*' no quadro). *Each member of the group will answer two questions. You will pick up a number from this box and say it aloud to me. For example, suppose Maria has picked up number 5 from this box. She will say the number aloud, in English – FIVE. I'm going to read Question 5 in my list of questions, and Maria will have to answer. All the questions have two alternatives* (escrever '*Questions with 2 alternatives*' no quadro). *For example, 'Who discovered Brazil, Pedro Álvares Cabral or Pedro II?' If you give the correct answer, your group will score 2 points* (escrever '*2 points for each correct answer*' no quadro). *But if you give a wrong answer, your group doesn't score. It's zero point. The questions are related to History, Geography, Mathematics and other school subjects. Your answers will have to be in English* (escrever '*Answers in English*' no quadro). *If you do not understand the question, you may ask: 'Can you repeat, please?'* (escrever a frase no quadro) *and I will repeat the question. Only one repetition will be allowed, permitted. You will have 10 seconds to answer the question, ok?* (escrever '*10 seconds to answer*' no quadro). *Your group* **must not** *help you* (escrever a informação no quadro). *The winner group will be the one with more points, with more correct answers* (escrever '*Winner group = the most points*' no quadro). *If there is a tie – if for example groups 1 and 2 finish the game with 20 points each – 20 points for group 1 and 20 points for group 2 –, one last question will be asked for a student of each group. The winner group will receive a prize* (escrever '*Prize for the winner group*' no quadro). *Did you understand the game? Can you explain it in Portuguese please?* (confirmar a explicação dos alunos)."

Para essa explicação, a professora Márcia planejou a sua fala para incorporar estratégias comunicativas que facilitam a compreensão dos alunos e favorecem a aprendizagem incidental da língua inglesa, como o uso da repetição, da paráfrase, da sinonímia e de palavras cognatas, além da estratégia de registrar informações importantes no quadro não apenas como lembretes, mas como mecanismo de visualização da forma linguística. Assim, Márcia potencializa a aprendizagem dos alunos por meio da compreensão oral e leitura, além de aprender a planejar a sua fala para se fazer compreender, uma prática discursiva e reflexiva que favorece o desenvolvimento de sua competência comunicativa, uma questão a ser aprofundada no capítulo "A docência".

Na próxima seção, vamos focar alguns princípios que ajudam a tornar uma atividade de língua mais significativa para os alunos.

PRINCÍPIOS PARA O *DESIGN* DE ATIVIDADES

Para elaborar atividades de língua inglesa, é importante considerar princípios decorrentes de estudos e pesquisas sobre a linguagem e a aprendizagem de língua estrangeira/segunda língua. Nesta seção, apresento cinco princípios que estão inter-relacionados e que se baseiam na perspectiva de linguagem como uma ação social e de língua como um fenômeno interativo.

Princípio 1 –
Criar um contexto de situação para o uso da língua inglesa

Este princípio fundamenta as atividades comunicativas, que contemplam a natureza funcional e interativa da linguagem em detrimento de aspectos formais e estruturais da língua.

Para prover um contexto de situação, as atividades de ensino devem definir uma ação a ser realizada e o seu propósito, a relação entre os interagentes e as circunstâncias em que a comunicação acontece. Halliday (1989) denomina esses elementos de campo (*field*), relação (*tenor*) e modo (*mode*), respectivamente. Vamos supor o contexto de situação apresentado em uma atividade já mencionada no capítulo anterior em que cada aluno receberia dois cartões com figuras de alimentos diferentes (*pet food, grass, lettuce, corn* etc.) para "alimentar" os animais das imagens apresentadas no quadro. Os alunos teriam que ouvir e compreender as solicitações do professor (*Class, can you feed the cat with some pet food, please? Can you feed the pig with some vegetables?* etc.). Temos aqui contemplados a ação dos alunos (ouvir e compreender) e o seu propósito (atender à solicitação de alimentar os animais).

Nessa atividade, é o professor quem faz uso da língua inglesa, mas são os alunos (os interlocutores) que precisam compreendê-la para realizar o propósito desejado na situação criada. A relação entre o professor e os alunos é hierárquica, assimétrica e nos faz lembrar da interação entre pais e filhos quando os primeiros pedem aos segundos para alimentar o animal de estimação da família. A interação reflete uma ação que acontece no mundo real. O canal de comunicação é feito na modalidade oral, pelo professor, que resulta em uma resposta ativa e não verbal dos alunos.

Assim sendo, para atender ao Princípio 1, o *design* de uma atividade deve priorizar o significado pragmático da língua inglesa e permitir que os alunos se expressem por meio da linguagem verbal ou não verbal em razão do que compreendem nessa língua e do que necessitam compartilhar com o outro. De acordo com esse princípio, a noção de contexto nos remete a uma situação de uso propositado da língua não com o objetivo de praticar determinada estrutura, mas de construir um ato discursivo. Na atividade mencionada, a solicitação do professor demanda uma ação com propósito comunicativo, que é realizada pelos alunos por meio da linguagem não verbal, em um evento situado em um ato discursivo.

Princípio 2 –
Estabelecer um propósito comunicativo

Este princípio reforça o anterior, pois nem sempre o propósito estabelecido para o contexto de situação é comunicativo. Em algumas atividades, o uso da língua inglesa é promovido com a intenção de os alunos praticarem determinadas estruturas, como na seguinte proposta pedagógica feita depois do ensino do verbo *can*: cada aluno recebe um cartão com a figura de um super-herói para relatar aos colegas os seus superpoderes, como "*he can fly*". A ação solicitada (reportar) não visa à comunicação, pois o propósito é linguístico. É a prática do verbo *can* na função comunicativa "expressar capacidade". A situação criada é reduzida a um contexto referencial ou semântico da língua inglesa cujos enunciados não exercem uma função comunicativa.

O propósito comunicativo está relacionado à função do dizer, do compreender e do fazer nas relações que as pessoas estabelecem entre si e com os textos, e pode ser realizado em situações criadas para retratar o mundo real (*real-world tasks*) ou em situações com nenhuma semelhança com a vida real (*pedagogic tasks*) – por exemplo, interagir com o colega para completar a árvore genealógica um do outro. Não é uma ação que retrata o que as pessoas fazem com a linguagem no mundo real, porém há um resultado comunicativo envolvido, que é a produção da árvore genealógica do colega com base nas informações compartilhadas. Assim, para atender ao Princípio 2, a atividade deve contemplar um propósito comunicativo para o uso da língua inglesa para se chegar a um resultado final.

Princípio 3 –
Criar vínculos de autenticidade

O termo *autenticidade* refere-se à característica genuína de algo. No ensino de língua estrangeira/segunda língua, a sua noção foi se expandindo ao longo dos anos em várias dimensões: texto, atividade, material didático, comunicação, situação, sala de aula. No início do movimento comunicativo, um dos princípios era promover autenticidade textual e situacional (*i.e.*, transações do cotidiano) em sala de aula.

Um texto autêntico, escrito ou oral, é aquele produzido "para cumprir um propósito social na comunidade linguística para o qual foi produzido" (Guariento e Morley, 2001: 347). A sua simples presença em uma atividade de língua não a torna comunicativa necessariamente; vai depender do trabalho a ser realizado com ele. Vamos supor que um professor proponha a leitura de um poema de Charles Dickens para cujas palavras sublinhadas os alunos devem dar o significado. Nesse caso, temos um texto autêntico para um propósito inautêntico, pois não lemos poemas para decodificar palavras.

Para dar autenticidade ao trabalho com esse texto, temos que pensar o que as pessoas fazem com os poemas na vida real. Qual é a sua função na vida cotidiana? Partimos do pressuposto de que as pessoas leem poemas para apreciarem a arte poética, para compreendê-los, pois o poema tem a função de exprimir uma ideia, uma emoção, um sentimento. Por isso, uma atividade de ensino envolvendo a leitura de um poema teria que considerar a compreensão do texto em sua totalidade com o professor incentivando os alunos a explicarem o que entenderam, utilizando as próprias palavras, em português. A autenticidade está, portanto, na função genuína do texto (*functional authenticity*). No caso do poema, é a sua compreensão geral em vez do significado semântico das palavras.

Por outro lado, podemos ter um texto inautêntico para um propósito autêntico. Suponhamos que o assunto da aula de inglês seja "Dengue". Depois de ter lido sobre o assunto em inglês, o professor pode criar um texto informativo nessa língua com o objetivo de os alunos elaborarem um panfleto, em português, com as informações relevantes sobre a doença para ser exposto nos corredores da escola. Não quero aqui encorajar a utilização de textos fabricados em atividades de língua inglesa, mas este exemplo mostra que textos bem redigidos por não nativos da língua inglesa podem cumprir um propósito social na comunidade escolar e, dessa forma, criar um vínculo com a autenticidade funcional do texto e da tarefa (*task authenticity*).

As propostas de atividades com os textos aqui mencionados (poema e texto informativo sobre a dengue) consideram o uso do português na produção dos alunos, isto é, na explicação do que compreenderam do poema e na confecção de panfletos. Isso se explica pelo fato de que o objetivo de aprendizagem definido para essas atividades é a compreensão textual; portanto, não cabe avaliar a produção oral ou escrita dos alunos na língua inglesa. No entanto, nada impede ao professor solicitar a produção dos alunos nessa língua caso a proficiência dos estudantes lhes permita expressar-se livremente.

Os benefícios do uso de textos autênticos em sala de aula são muitos. Eles "trazem as convenções da comunicação" (Lee, 1995: 324), são entidades vivas sendo usadas pelos falantes daquela comunidade (Guariento e Morley, 2001) e "proporcionam melhores modelos linguísticos em relação aos textos não genuínos" (Buendgens-Kosten, 2014: 458). No entanto, o seu uso deve ser compatibilizado com a sua função no mundo real. Essa questão exige reconhecer a multifuncionalidade de um gênero textual. Por exemplo, quando ouvimos/lemos a previsão do tempo, usamos a informação para atender a propósitos diversos, como decidir a roupa que vamos usar, compartilhar o que lemos/ouvimos com um colega, planejar atividades para o final de semana etc. Esses e outros objetivos ajudam o professor a elaborar atividades de letramento autêntico (*authentic literacy activities*) ou tarefas autênticas (*authentic tasks*). Na sala de aula de Língua Inglesa, porém, a leitura ou a audição da previsão do tempo é muitas vezes realizada para o aluno responder a perguntas de compreensão, coletar palavras relacionadas ao tema e discutir as formas linguísticas utilizadas para fazer previsões.

Experiências autênticas com textos autênticos/inautênticos têm grande potencial para promover o engajamento dos alunos, ensino significativo, propósito comunicativo, além da vantagem de os alunos aprenderem formas linguísticas gerais de modo incidental e implícito.

Além da autenticidade textual e funcional, a noção de autenticidade também está atrelada às situações do mundo real (*autenticidade situacional*), como a transação de compra e venda de algo; a escrita de uma mensagem de WhatsApp felicitando um colega pelo aniversário; a audição de uma música para tentar descobrir o seu nome e achar a sua letra na internet; a leitura de rótulos de produtos alimentícios para a compra de alimentos sem glúten e sem lactose etc. Todas essas situações retratam tarefas do mundo real (*real-world tasks*). No entanto, a autenticidade de uma tarefa não precisa, necessariamente, refletir eventos comunicativos externos à sala de aula; ela também pode estar presente em tarefas pedagógicas que, embora não apresentem situações do cotidiano, podem demandar comportamentos comunicativos presentes nas interações humanas, como a negociação de significados, a paráfrase, o pedido de confirmação e a solicitação de esclarecimento. Como exemplo, cito a atividade *picture-drawing task*, que consiste em um aluno descrever algo/alguém para o colega desenhá-lo(a). Não é uma tarefa de mundo real, mas requer comportamento de língua que se assemelha ao que acontece nas interações negociadas, ou seja, se o colega não entender alguma parte da descrição, ele pode solicitar esclarecimento (*Can you repeat, please?*), pedir confirmação (*Long hair?*) ou expressar falta de compreensão (*Sorry?; I didn't understand*). A interação negociada, que pode ocorrer nessa tarefa pedagógica, propicia autenticidade interacional (*interactional authenticity*).

O princípio da autenticidade no *design* de uma atividade suscita críticas de educadores que costumam associar o termo com padrões linguísticos e comportamentais de nativos da língua inglesa, particularmente daqueles provenientes de países dominantes (EUA, Inglaterra). Algumas críticas referem-se às formas e práticas linguísticas simbólicas da identidade de um grupo dominante que muitos livros didáticos (e professores/gestores) esperam que os alunos sigam e aprendam. Isso implica instituir uma concepção monolítica de língua e cultura na educação de língua inglesa nas escolas brasileiras, desconsiderando outras variantes e dialetos e demais culturas de falantes não nativos do inglês, que se comunicam nessa língua no mundo globalizado. Não podemos, portanto, perder de vista que o inglês (assim como outras línguas estrangeiras) é uma "língua franca", ou seja, envolve uma variedade de usos que nos impele a considerar a sua importância em contextos culturalmente diversificados de comunicação.

Vamos analisar um fenômeno que acontece em muitas escolas brasileiras. É a crescente tendência de professores de Inglês e seus alunos comemorarem o Dia das Bruxas (Halloween), uma festa tradicionalmente norte-americana celebrada no dia 31 de outubro. Essa prática nos faz refletir sobre a visão de cultura que vem se instalando, há anos, nessas escolas. É a concepção performativa de cultura, de reprodução do "outro", de um povo inscrito em outra História com outros costumes, crenças e valores. É como se estivéssemos importando a cultura do outro e nos apropriando dela, mas com que propósito? Para alegrar as crianças? Para estudar a cultura norte-americana? Para beneficiar o comércio local com a venda de fantasias e enfeites? Para fazer propaganda da escola? É preciso que os professores de Inglês façam uma leitura crítica sobre esse fenômeno para que o conceito de cultura seja ressignificado e a visão de diversidade cultural seja estabelecida no contexto educativo de forma reflexiva.

Cultura é um conceito muito amplo e complexo. Envolve práticas de linguagem (verbal e não verbal), produtos (comida, vestuário, música) e perspectivas, como crenças e valores que guiam as ações e as escolhas das pessoas (concepções de beleza, visão de felicidade). Todos esses elementos culturais – práticas, produtos e perspectivas – se manifestam por meio da(s) linguagem(ns) e não estão vinculados necessariamente a uma nacionalidade. No âmbito do ensino da língua inglesa, a cultura pode estar presente nas diferentes realizações humanas, como nas lendas do folclore brasileiro (perspectiva local), nas histórias de vida de personagens que lutam pelos direitos humanos (perspectiva multicultural) ou em textos que comparam o Halloween e o Dia de São Cosme e Damião, cuja tradição é distribuir doces para as crianças no dia 27 de setembro (perspectiva intercultural).

A noção de autenticidade tem evoluído para relacionar língua e uso, e isso implica aprender inglês com *status* de língua franca, de uma língua de comunicação internacional. Nesta perspectiva, a noção de autenticidade relaciona "línguas inglesas", culturas e povos.

Princípio 4 –
Considerar as necessidades comunicativas e os interesses dos alunos

Este princípio visa dar relevância às atividades produzidas pelo professor, mas como podemos identificar as necessidades e os interesses dos alunos? Seria fácil responder a essa pergunta se o contexto de ensino de inglês fosse para fins específicos (*English for Specific Purposes* – ESP), o qual define as necessidades instrumentais necessárias para o profissional de = determinada área exercer o seu trabalho na língua inglesa. É o caso de cursos de Inglês para recepcionistas de hotel, engenheiros mecânicos, controladores de tráfego aéreo etc., que necessitam realizar tarefas nessa língua no cotidiano de seu trabalho.

No entanto, quando o contexto de ensino de inglês é para fins gerais (*General Purpose English* – GPE), como é o caso da Língua Inglesa na escola básica, as necessidades e os interesses dos alunos são outros. Para conhecê-los, não podemos ter como ponto de partida as nossas experiências como estudantes. Às vezes, professores justificam suas tomadas de decisão seguindo a premissa do que funcionou/não funcionou com eles ou, ainda, do que eles gostaram ou não de fazer em suas vivências como alunos de escola básica ou do curso de Letras. Também não dá para partir dos interesses e gostos pessoais do professor no momento de decidir uma música ou um assunto para o *design* das atividades. Lidamos com outra geração, outras expectativas, outras preferências, que até podem coincidir com as do professor.

As necessidades e os interesses dos alunos de escola básica podem ser identificados por meio de uma entrevista informal com eles para conhecer as tarefas que realizam com a linguagem em seu cotidiano, as situações de comunicação com as quais gostariam de se engajar na língua inglesa, os tipos de textos que costumam ler e ouvir nessa língua e para que propósito etc. Essas e outras informações devem subsidiar o professor na escolha dos textos e no *design* de atividades próximas da realidade dos alunos. Quanto mais próxima a atividade estiver da vida e do cotidiano dos estudantes, com a presença de um propósito comunicativo, maiores são as chances de eles se identificarem com o que fazem nas aulas de Língua Inglesa.

É fato que a escolha de um texto do cotidiano dos alunos (uma música, um *trailer* de filme etc.) não é o bastante para satisfazer as suas necessidades e interesses, pois, como já mencionado nos Princípios 2 e 3, o que importa é dar um propósito comunicativo a esse texto para o aluno relacionar o que aprende com as situações que poderá vivenciar com a língua inglesa. Por isso, nada adianta conduzir uma análise de necessidades se o ponto de partida do professor é a gramática para ser usada na comunicação. Pensar assim é seguir na contramão das teorias de aquisição de língua estrangeira que concebem a linguagem como uma ação social e que afirmam que a sua aprendizagem não é realizada por partes para se chegar ao todo. Aprender uma língua estrangeira é um processo holístico, parte-se da língua em uso para alguma ação proposta. As formas linguísticas são aprendidas incidental ou implicitamente. No entanto, algum foco explícito em algumas formas poderá acontecer ao longo do processo de ensino-aprendizagem, como já discutido no capítulo anterior. Nesse sentido, a gramática não manda no ensino; ela acata o que é necessário fazer para melhorar o desempenho dos alunos quando estes usam a língua inglesa para propósitos comunicativos.

Princípio 5 –
Assegurar adequação linguística e cognitiva

Vamos supor a seguinte atividade para uma turma de alunos iniciantes (6º ano do ensino fundamental): *"In your opinion, what are the advantages and disadvantages of having a pet? Write one advantage and one disadvantage in English on a separate sheet of paper to guide you in a podcast interview you are supposed to participate in with your teacher as the interviewer"*. O objetivo é engajar os alunos em uma entrevista em *podcast*, que deverá ser conduzida em inglês, gravada, editada e publicada pelo professor. Há, portanto, um propósito comunicativo para a ação do dizer. Se, por um lado, essa atividade parece ser adequada à idade dos alunos, considerando a sua temática (animais de estimação), por outro, ela exige uma alta demanda linguística, uma vez que os alunos devem se expressar por escrito e oralmente na língua inglesa.

Para que ela seja realizada com sucesso, sem colocar em risco o alcance do objetivo de aprendizagem (*i.e.*, posicionar-se em uma entrevista de *podcast*), atividades prévias teriam que ser elaboradas para preparar os alunos no momento do planejamento escrito e do relato oral das vantagens e desvantagens de se ter um animal de estimação em casa. Insisto em dizer que o ponto de partida não seria a apresentação de gramática ou de vocabulário, mas a elaboração de uma sequência bem articulada de tarefas/atividades, assunto a ser aprofundado na próxima seção.

A noção de adequação não se refere apenas à demanda linguística exigida para a produção escrita ou oral de fala, mas também à complexidade dos textos. Na elaboração de uma atividade, a escolha de um texto baseia-se em critérios como complexidade linguística e adequação cognitiva. O primeiro corresponde à variedade lexical e à proporção de orações coordenadas/subordinadas. Quanto maior a complexidade linguística de um texto, maior a dificuldade de compreensão por parte de alunos com pouca proficiência na língua inglesa. No entanto, isso não significa que um texto linguisticamente complexo não possa ser utilizado com alunos iniciantes, pois é possível gerenciar o manuseio do texto com a demanda cognitiva. Nesse caso, a atividade não precisa exigir a compreensão do texto em sua totalidade, mas de partes que interessam à resolução da atividade. Um exemplo é ouvir uma música atentando-se para o seu refrão a fim de descobrir o nome da canção e, assim, buscar a sua letra na internet (ex.: "Next to me", de Emeli Sandé; "It's Amazing", de Jem; "It must be love", de Alton McClain & Destiny; "And I miss you", de Sade). São músicas que repetem a mesma estrutura linguística em seu refrão e, por coincidência, recebem o mesmo nome.

Para a compreensão de textos linguisticamente complexos, alguns professores preferem fornecer aos alunos uma lista de vocábulos com a sua tradução; porém, ao fazerem isso, impedem o uso de estratégias de compreensão de texto, como a inferência, a dedução, a associação e o uso do dicionário. Na vida real, não dispomos de listas de palavras para compreendermos o que lemos ou ouvimos. Dependemos de nossas estratégias de compreensão. Por isso, oferecer essas listas enfraquece a autonomia do aluno como leitor.

O segundo critério para a escolha de um texto (adequação cognitiva) refere-se ao tipo e à quantidade de conhecimento que o texto exige para a sua compreensão. Textos cujos assuntos são tratados de modo muito técnico e científico podem dificultar o entendimento de alunos que possuem pouca familiaridade com certos conceitos e áreas. Não cabe, portanto, escolher textos muito além da capacidade cognitiva dos alunos, podendo comprometer o seu sucesso na realização da atividade.

Quando um texto é linguística e/ou cognitivamente complexo para determinado público, confrontando-o com uma grande quantidade de linguagem desconhecida e sem artifícios compensatórios para facilitar a compreensão, a melhor opção é buscar outro texto ou utilizar textos elaborados ou fabricados. Long (2015) define "textos elaborados" como adaptações para incluir redundância (*i.e.*, repetição, paráfrase, sinonímia, frases nominais em vez de pronomes) e transparência (*i.e.*, marcação ou sinalização explícita do tema, ordem canônica das palavras, menor velocidade de fala, uso de negociação de significados). São diferentes dos "textos simplificados", que é a solução tradicional que adapta o texto para incluir sentenças curtas com vocabulário e gramática restrita, resultando em produções artificiais. Os "textos fabricados", por sua vez, são aqueles construídos pelo professor com base em leituras de outros textos em inglês sobre o assunto, visando explorar conteúdos que ele acha relevante para os alunos. No entanto, fabricar um texto para atender ao princípio da adequação linguística e/ou cognitiva só fará sentido se a atividade estabelecer um propósito autêntico para o texto, como já discutido no Princípio 3.

DESIGN DE UNIDADES DE ENSINO

A elaboração de uma unidade de ensino não deve ser pensada como uma prática isolada do contexto social e pedagógico de sua aplicação. É preciso considerar o público-alvo, os recursos pedagógicos disponíveis e os objetivos de aprendizagem que se deseja alcançar.

Fazendo uma analogia com o ditado popular "uma andorinha só não faz verão", uma única atividade de língua não é suficiente para se chegar a uma meta. É necessário criar uma família de atividades que estejam articuladas umas com as outras para se chegar aos objetivos de aprendizagem e, assim, constituir uma unidade de ensino.

Considerando o contexto de escola básica, esses objetivos devem estar alinhados à visão de língua como uma ação social em que o sujeito constrói sentidos para algum propósito comunicativo, o que descarta a elaboração de atividades articuladas para a aprendizagem de estruturas linguísticas e de vocabulário para a sua prática contextualizada.

Para exemplificar, vamos retomar a tarefa mencionada anteriormente: "*In your opinion, what are the advantages and disadvantages of having a pet? Write one advantage and one disadvantage in English on a separate sheet of paper to guide you in a podcast interview you are going to participate in with your teacher as the interviewer*". Para a sua realização, os alunos teriam que se familiarizar com diferentes opiniões em inglês sobre as vantagens e desvantagens de se ter um animal de estimação em casa. Assim, eles teriam amostras diversificadas nas quais poderiam se basear quando fossem emitir a própria opinião. Essas amostras seriam apresentadas em atividades comunicativas prévias para engajar os alunos na temática e na realização de ações comunicativas. Vejamos a seguinte sequência de tarefas que constituem a unidade de ensino "*Pets*".

Pre-task activity 1. *Conversation on the topic*

a. *Do you have a pet?*
b. *What pet do you have?/ What pet would you like to have?*
c. *What's the name of your pet?*
d. *What are the advantages of having a pet?*
e. *What are the disadvantages of having a pet?*

Task 1. *Quora is a question-and-answer website. Read the question and the answers about the advantages and the disadvantages of having a dog. What is the general consensus? In pairs, write the answer in English before reporting it to the class.*

a. *General consensus (advantages):*
b. *General consensus (disadvantages):*

What are the advantages and disadvantages of having a dog?

1.

katygirl — *Dogs surprise you with little acts of love and support. The negative point is that they can eventually pass away and make you feel miserable.*

2.

maggie — *Dogs are loving and loyal. The problem is that they like to chew toys and tennis shoes.*

3.

peter17 — *They express unimaginable love, affection, companionship and joy. The negative point is that they can go out and never return.*

4.

Pokémon — *When they love, they love hard. They are loyal. The disadvantage is that they break our heart when they pass away.*

5.

scarlet — *Dogs are adorable; they are unconditional friend waiting for you when you get home. The biggest disadvantage is to lose him and your heart will be in pieces.*

Adapted from https://www.quora.com/What-are-the-advantages-and-disadvantages-of-having-a-pet.

> **Task 2.** Listen to five comments about dogs and tell who in the previous activity shares the same opinion. Listen to the first comment, then reread the answers that the people gave in the previous activity to check who shares the same opinion. Do the same with each comment you hear.
>
> **Transcript and answer key.** (a) Dogs are loyal. (maggie, pokemon); (b) Dogs are loving (katygirl, maggie, peter17, pokemon); (c) Dogs are a companion, a friend. (peter17, scarlet); (d) Dogs make me feel miserable, unhappy when they pass away (katygirl, pokemon, scarlet), 5); (e) Dogs like to chew things (maggie).
>
> **Pre-task activity 2.** Conversation on podcasts
>
> a. Do you listen to podcasts?
> b. What is a podcast?
> c. What is a podcast interview?
> d. What is the objective/the purpose of a podcast interview?
> e. Where can we listen to podcasts? On the radio? On TV? Where?
> f. Have you ever participated in a podcast interview? On what topic? In Portuguese or in English?
>
> **Task 3.** In your opinion, what are the advantages and disadvantages of having a pet? Write one advantage and one disadvantage in English on a separate sheet of paper to guide you in a podcast interview you are going to participate in with your teacher as the interviewer.

A unidade de ensino aqui planejada é formada por três tarefas e dois roteiros de perguntas para a condução de uma conversa com a classe sobre *pets* e *podcast interview*. A terceira e última tarefa define o objetivo final da unidade de ensino, que é participar de uma entrevista em *podcast* sobre as vantagens e desvantagens de se ter um animal de estimação. É o ponto de chegada, a ação final para a qual o professor delineou a unidade de ensino. As Tarefas 1 e 2 são "andaimes" (*scaffolding activities*) e oferecem exemplares linguísticos e discursivos para a produção escrita e oral dos alunos no momento em que forem realizar a Tarefa 3.

Para construir este andaime, a Tarefa 1 apresenta cinco opiniões de internautas sobre as vantagens e desvantagens de se ter um cachorro. Cabe aos alunos compreendê-las para descreverem o que é consenso entre a maioria. Eles devem planejar a sua fala por escrito antes de socializá-la com os demais colegas de classe. A tarefa envolve compreensão em leitura, produção escrita e oral.

A Tarefa 2 é de compreensão oral (*listening*) e consiste em os alunos associarem os comentários que ouviram sobre cachorros e as opiniões dos internautas para verificar a compatibilidade de ideias. Para isso, devem retomar a leitura das opiniões fornecidas na tarefa anterior. Assim, ficam novamente expostos às mesmas amostras de língua, que poderão ajudá-los no momento de realizarem a Tarefa 3.

A unidade de ensino ainda conta com dois roteiros de perguntas (*pre-task activities*). O primeiro inicia a unidade de ensino e visa: (i) familiarizar os alunos com o assunto a ser trabalhado: '*Pets*', (ii) encorajá-los a partilhar informações pessoais (*What pet do you have?/What pet would you like to have?*) e socializar as suas ideias (*What are the advantages/disadvantages of having a pet?*). O segundo roteiro de perguntas evoca o conhecimento prévio dos alunos sobre *podcasting* (*What is a podcast? What is the objective, the purpose of a podcast interview?*). Ambos os roteiros apresentam perguntas em inglês com o objetivo de desenvolver a compreensão oral dos alunos, mas as respostas podem ser dadas em português.

Certamente, essa unidade de ensino pode ser aprimorada e expandida para incorporar atividades com foco na forma ou exercícios para tratar dos problemas diagnosticados na produção escrita e oral dos alunos na Tarefa 3. Vamos supor que o professor tenha identificado erros comuns entre os alunos, como a pronúncia equivocada de adjetivos terminados em *-able* ("*miserable*"; "*adorable*"), o que poderia comprometer a compreensão do interlocutor. Nesse caso, atividades interventivas (*intervention activities*) seriam elaboradas. O exercício a seguir é um exemplo para conscientizar os alunos da pronúncia adequada dessas e de palavras afins contendo o mesmo sufixo.

1. *Visit the site* https://www.youtube.com/watch?v=bDX5Z-Tk57E *and listen to how the word 'miserable' is pronounced. Repeat it. Based on your repetitions, how would you pronounce similar words ending in "-able", such as: (a) "adorable", (b) "comfortable", and (c) "vegetable"?*

O Quadro 9 resume a unidade de ensino planejada.

Quadro 9 – Unidade de ensino *Pets* e seus objetivos de aprendizagem

Unidade de ensino: *Pets* **Objetivo final:** Participar de uma entrevista em *podcast* sobre as vantagens e desvantagens de se ter um animal de estimação.	
Atividades	Objetivos de aprendizagem
Pre-task activity 1 *(listening)*	Compreender perguntas orais em inglês para participar de uma conversa sobre animais de estimação.
Task 1 *(reading, writing, speaking)*	Ler postagens de internautas sobre as vantagens e desvantagens de se ter um cachorro para relatar a opinião consensual da maioria.
Task 2 *(listening and reading)*	Ouvir comentários sobre cachorros para relacioná-los com as opiniões dos internautas.
Pre-task activity 2 *(listening)*	Compreender perguntas orais em inglês para participar de uma conversa sobre *podcasts*.
Task 3 *(writing and speaking)*	Participar de uma entrevista em *podcast* sobre as vantagens e desvantagens de se ter um animal de estimação.
Intervention activity 1	Reconhecer a pronúncia e a acentuação tônica de palavras terminadas em *-able*.

  A produção de uma unidade de ensino pode envolver projetos maiores de práticas de linguagem, dependendo do objetivo final que se deseja, como: criar paródias, planejar campanhas de conscientização, montar um guia da cidade, realizar transações de compra e venda, montar gráficos etc.

  Em sua pesquisa de mestrado, Gesser (2019) propôs um projeto de trabalho para alunos de 1º ano do ensino médio, visando à produção final de um *question-and-answer game show*. Para isso, foram elaboradas duas unidades de ensino contendo sete tarefas focadas, cada qual implementada em uma turma de 1º ano do ensino médio. As seis primeiras tarefas eram iguais em ambas as unidades e apresentavam insumo encharcado e destacado de *wh-questions* na função de sujeito (*Who invented the automobile?*; *What poet wrote Canção do Exílio?*) – Tarefas 1 e 2, e na função de objeto (*Who did Brazilians elect for president in 2011?*; *What did Graham Bell invent?*) –

Tarefas 4 e 5. As Tarefas 3 e 6 eram de produção escrita para a formulação de *wh-questions* na função de sujeito e objetivo, respectivamente. A última tarefa (*Task 7*) foi diferente em cada uma das unidades. Em uma delas, foi apresentada uma tarefa de conscientização gramatical com o objetivo de promover a aprendizagem explícita de *wh-questions* na função de sujeito e objeto. A outra unidade propôs uma tarefa com insumo encharcado e destacado de *wh-questions* na função de sujeito e objeto. O objetivo de ambas as unidades foi promover a aprendizagem dessas estruturas de modo explícito e implícito, respectivamente. Com relação à pesquisa, a intenção foi avaliar se a instrução explícita, por meio da tarefa de conscientização gramatical, seria mais eficaz do que a instrução implícita por meio de tarefas com insumo encharcado e destacado das estruturas em questão (vide Gesser, 2019; Xavier e Gesser, 2022). O Quadro 10 descreve a unidade de ensino e os objetivos de cada tarefa.

Quadro 10 – Unidade de ensino
Question and answer game show e seus objetivos de aprendizagem

Unidade de ensino: *Question and answer game show*
Objetivo final: Contribuir com perguntas e respostas para um jogo entre colegas

Tarefas	Objetivos de aprendizagem
1. Participar de um jogo de perguntas e respostas em inglês envolvendo assuntos das disciplinas do currículo escolar. As perguntas apresentaram *wh-words/phrases* na função de sujeito, seguidas de duas alternativas, uma correta e a outra incorreta (ex.: *Who created the character Emília? Machado de Assis or Monteiro Lobato?*; *Which ocean surrounds Brazil, the Pacific Ocean or the Atlantic Ocean?*). A tarefa foi encharcada com *wh-questions* na função de sujeito.	Compreender e responder perguntas orais com *wh-words/phrases* na função de sujeito em um jogo com regras e procedimentos previamente estabelecidos.
2. Montar um *quiz* de Geografia para o colega responder. Os alunos tiveram que ler 15 perguntas para identificar aquelas referentes à disciplina de Geografia, elaborar as alternativas (uma correta e a outra incorreta) e o gabarito. As perguntas apresentaram *wh-questions* na função de sujeito com os pronomes e os verbos destacados por meio de negrito e sublinhado (***Who introduced*** *the idea of natural selection?*; ***Which planet has*** *rings?*).	Compreender e responder perguntas escritas com *wh-words/phrases* na função de sujeito em um teste de Geografia.

3. Formular duas perguntas para um jogo final depois do término da unidade de ensino, seguindo o mesmo perfil daquelas apresentadas nas Tarefas 1 e 2 (com duas alternativas, uma correta e a outra incorreta).	Formular perguntas com *wh-words/phrases* na função de sujeito para um jogo.
4. Participar de um jogo similar ao da Tarefa 1 com perguntas contendo *wh-words/phrases* na função de objeto e respostas curtas (*What do Americans celebrate on February 14th?*; *What language did the Romans speak?*).	Compreender e responder perguntas com *wh-words/phrases* na função de objeto em um jogo com regras e procedimentos previamente estabelecidos.
5. Corrigir duas provas com as mesmas perguntas de múltipla escolha para o preenchimento de um formulário escolar. Foram 15 perguntas em cada prova com *wh-words/phrases* na função de objeto, destacadas por meio de negrito e sublinhado (***What did** Alexander Fleming **discover**?*; ***Which chapel did** Michelangelo **paint**?*).	Avaliar o desempenho de dois alunos em uma prova final contendo perguntas com *wh-words/phrases* na função de objeto.
6. Formular duas perguntas para um jogo final depois do término da unidade de ensino, seguindo o mesmo perfil daquelas apresentadas nas Tarefas 4 e 5, isto é, perguntas com respostas curtas.	Formular perguntas com *wh-words/phrases* na função de objeto para um jogo.
7. (Turma 1) Identificar perguntas para cada uma das celebridades (um jogador de futebol, um cantor, um ator e uma escritora) e escolher as duas melhores para serem respondidas por elas em uma entrevista que seria publicada em uma revista de famosos. Por fim, redigir um email ao editor-chefe da revista enviando as perguntas escolhidas. A tarefa apresentou oito perguntas que destacaram *wh-words/phrases* na função de sujeito (***Who introduced** you to acting?*) e a outra metade com destaque nas *wh-words/phrases* na função de objeto (***What plans do** you **have** for the next years in your soccer career?*).	Atentar-se para perguntas escritas com *wh-words/phrases* na função de sujeito e objeto.

8. (Turma 2) Analisar dois blocos de exemplares de perguntas, um deles com *wh-questions* na função de sujeito e o outro com *wh-questions* na função de objeto, para completar um texto com a regra (tarefa de conscientização gramatical).	Conscientizar-se da diferença na formulação de *wh-questions* na função de sujeito e de objeto.
9. Participar de um jogo final com as perguntas das Tarefas 3 e 6 formuladas pelos alunos.	Compreender e responder perguntas com *wh-words/phrases* na função de sujeito e objeto em um jogo com regras e procedimentos previamente estabelecidos.

Por fim, unidades de ensino também podem ser planejadas para o estudo reflexivo e crítico de assuntos como *fake news*, propaganda, comportamentos, humor, *bullying*, preconceito, relacionamento, lixo e reciclagem etc. Alguns desses temas são desenvolvidos no *site Themes for teaching English* (t4tenglish.ufsc.br), que traz conjuntos de atividades para cada tema apresentado, cabendo ao professor selecionar aquelas que possam ser relevantes para compor uma unidade de ensino.

Um dos pontos mais críticos no *design* de uma unidade de ensino é a sequência das atividades, que costuma ser feita de modo intuitivo pelo professor ou pelo(s) autor(es) do livro didático, em vez de se basear em critérios informados teoricamente. Esse assunto é discutido na próxima seção.

CRITÉRIOS PARA SEQUENCIAR ATIVIDADES

Na literatura da área de produção de materiais didáticos de língua inglesa, há um consenso de que as atividades de aprendizagem devem ser sequenciadas com base na sua complexidade. No entanto, determinar a complexidade de uma atividade em relação a outra exige algum parâmetro, podendo ser linguístico, cognitivo ou interacional. Cada um desses parâmetros envolve uma série de critérios que interagem entre si e entre aqueles pertencentes aos outros parâmetros. Por isso, determinar o nível de complexidade de uma atividade em relação a outra não é uma tarefa fácil. O Quadro 11 lista alguns critérios para cada parâmetro, que se baseiam nos trabalhos de Nunan (1989) e Skehan (1998).

Quadro 11 – Fatores linguísticos, cognitivos e interativos considerados em sequências de atividades

Parâmetros	Alguns critérios
Linguísticos	• Complexidade e variedade linguística na produção/compreensão de fala. Por exemplo, textos contendo orações subordinadas são mais complexos do que aqueles envolvendo orações coordenadas; • Carga e variedade lexical, isto é, a quantidade de vocabulário conhecido ou desconhecido na produção/compreensão de fala; • Redundância e densidade proposicional, isto é, a quantidade de informação a ser produzida/compreendida e o quanto ela é reciclada; • Estrutura discursiva e a clareza com que ela é manifestada no texto. Por exemplo, uma narrativa fora de sua sequência cronológica é mais complexa do que uma narrativa em ordem cronológica; • Apoio contextual, como a presença ou ausência de imagens, figuras.
Cognitivos	• Familiaridade com o tópico e a sua previsibilidade; • Familiaridade com o gênero discursivo; • Familiaridade com a tarefa; • Planejamento (ou não) de fala; • Quantidade de computação, ou seja, de transformação ou manipulação da informação; • Número de etapas envolvidas na realização da tarefa; • Clareza e suficiência das informações oferecidas; • Tipo de informação fornecida (concreta/abstrata, contextualizada/descontextualizada).
Interacionais	• Limite e pressão de tempo para a realização da tarefa; • Velocidade do texto falado; • Número de falantes envolvidos; • Tipo de resposta (curta/longa; fechada/aberta; monológica/dialógica; convergente/divergente); • Presença (ou não) de negociação de significados.

Muitos autores argumentam que as atividades de aprendizagem devem ser sequenciadas com base no aumento de sua demanda cognitiva, pois quanto maior ela for, maior será a atenção dos alunos para a forma linguística. Acredita-se, portanto, que a demanda cognitiva favorece o aumento gradual da complexidade linguística e da precisão gramatical dos alunos. Para exemplificar uma sequência de atividades baseadas na complexidade cognitiva, Long (2007) apresenta uma unidade de ensino com o seguinte objetivo de aprendizagem: "seguir direções de rua", tendo como público-alvo alunos adultos de inglês aprendendo coreano como língua estrangeira. As tarefas são descritas no Quadro 12 e discutidas na sequência.

Quadro 12 – Sequência de tarefas pelo critério da demanda cognitiva

1. Ouvir direções de rua em coreano para traçar o caminho em um mapa bidimensional, sendo que as direções a serem ouvidas aumentam em complexidade.
2. Ouvir direções de rua um pouco mais complexas para traçar o caminho em um mapa tridimensional com o falante eventualmente perguntando: "*Where are you now?*" e o interlocutor respondendo a sua localização.
3. Ler direções de rua enquanto traça o caminho em um mapa simples.
4. Ouvir direções de rua para seguir as rotas marcadas com linhas coloridas em um mapa real de Seul.
5. Partindo de um ponto especificado no mapa, ouvir e seguir uma rota desconhecida com o falante eventualmente perguntando: "*Where are you now?*" e o interlocutor respondendo a sua localização.
6. Partindo de um ponto especificado no mapa, ouvir e seguir uma rota desconhecida, mas, desta vez, sem o falante perguntar "*Where are you?*", exceto ao final da rota em que o falante nomeia alguns locais no mapa como evidência de o interlocutor ter alcançado o destino com sucesso.

Fonte: Long, 2007: 129.

Nesta unidade de ensino, as tarefas foram sequenciadas com base em variáveis cognitivas. As Tarefas 1, 2 e 3 seguem as variáveis "± raciocínio espacial" e "± negociação de significados", propostas no Modelo Triádico para a classificação e sequenciação de tarefas (Robinson, 2001, 2007). A primeira variável refere-se à localização da informação em um mapa de rua (± raciocínio espacial), enquanto a segunda está associada à presença (ou não) de interação negociada no texto ouvido (± negociação de significados).

A Tarefa 1 é menos complexa do que a Tarefa 2, pois o caminho a ser traçado é feito em um mapa bidimensional, ao contrário da Tarefa 2, que apresenta um mapa tridimensional com "direções um pouco mais complexas"; porém, essa demanda é amenizada com a negociação de significados. Ou seja, no áudio, o interlocutor responde onde ele se encontra depois da pergunta eventual do falante: "*Where are you now?*". Por sua vez, a Tarefa 2 é menos complexa do que a Tarefa 3, que requer a leitura de algumas direções para traçar o caminho em um mapa simples. Não há negociação de significados e a compreensão dos textos depende exclusivamente do aluno, ao contrário da Tarefa 2, que incorpora a interação negociada no texto oral.

A Tarefa 4 é mais complexa do que a Tarefa 3, pois envolve "um mapa real de Seul". Isso significa que os mapas das Tarefas 1, 2 e 3 não seriam autênticos, mas fabricados/elaborados para o propósito comunicativo da atividade. Além disso, o mapa da Tarefa 4 traz "rotas marcadas com linhas coloridas", uma variável que necessita a atenção redobrada dos alunos na sua localização.

As Tarefas 5 e 6 trazem rotas desconhecidas, diferentemente das tarefas anteriores. É a variável "± aqui-e-agora" que está em jogo (*here-and-now* vs. *there-and-then*), que consiste na familiaridade (ou não) do aluno com a informação apresentada (rota conhecida/desconhecida). Atividades com informações conhecidas são menos complexas do que atividades que apresentam informações desconhecidas. Pode-se dizer que a Tarefa 5 é menos complexa do que a seguinte, pois incorpora interações negociadas de fala no texto oral, com o falante eventualmente perguntando: "*Where are you now?*" e o interlocutor respondendo a sua localização, o que não acontece na Tarefa 6, que exclui a negociação de fala no texto oral, exceto ao final da rota em que o falante nomeia alguns locais onde está.

Para todas essas tarefas, que foram produzidas para a unidade de ensino "seguir direções de rua", o critério da complexidade cognitiva residiu nas variáveis "± raciocínio espacial", "± negociação de significados" e "± aqui-e-agora", as quais se interagiram para tornar uma tarefa mais complexa do que a outra na sequência apresentada.

É importante mencionar que complexidade e dificuldade são noções distintas. O primeiro termo refere-se às características inerentes de uma atividade, enquanto o segundo está relacionado à percepção individual de uma atividade, que varia de aluno para aluno considerando os seus limites ou a extensão de seus recursos atencionais, recursos de memória e recursos de raciocínio. A noção de dificuldade, portanto, está nas mãos dos alunos e isso implica dizer que sequenciar atividades com base nessa noção, isto é, no que o professor acha ser fácil ou difícil para os alunos em termos linguísticos não se sustenta em bases teóricas, mas em impressões. No entanto, sabemos que a dimensão linguística não pode ser ignorada no *design* de uma atividade como no momento da escolha de um texto, que deve ser adequado ao nível de proficiência dos alunos, mas utilizar critérios de natureza linguística para sequenciar atividades de aprendizagem pode ressuscitar programas estruturais, como também a visão equivocada de que compreensão e aprendizagem são processos similares. Compreender uma língua não significa aprendê-la ou adquiri-la.

Outros critérios podem ser úteis para sequenciar atividades. É o caso do "princípio da dependência de tarefa" (Johnson, 1981), que consiste no uso da informação obtida em uma tarefa para realizar a seguinte; e essa relação entre elas simula um tipo de contabilidade exigida do usuário de língua no mundo real. Esse princípio está relacionado à noção de andaime e foi utilizado na unidade de ensino "*Pets*", apresentada na seção anterior. O reencontro dos alunos com os mesmos textos cria condições de eles transferirem conhecimentos linguísticos acumulados na primeira tarefa para a tarefa seguinte e assim por diante, mobilizando a sua atenção para diferentes aspectos linguísticos da língua inglesa toda vez que o insumo é revisitado. Situação análoga é assistir a um mesmo episódio de uma minissérie várias vezes. A cada momento que fazemos isso, depositamos um novo olhar para o insumo com novas possibilidades de reflexão e aprendizagem.

Para concluir, a elaboração de uma unidade de ensino requer um conjunto de atividades articuladas entre si e sequenciadas por critérios que favoreçam a aprendizagem da língua inglesa, e isso não é feito de modo aleatório ou impressionista, mas por decisões teoricamente informadas.

SÍNTESE

Neste capítulo, discutimos os elementos básicos de uma atividade pedagógica: as instruções e os dados informacionais. Sobre as instruções, destacamos que o enunciado de uma atividade deve apresentar informações sobre o que fazer (ação), por que fazer (propósito da ação) e em que condições (configuração da classe, procedimentos de realização etc.). Além disso, cinco princípios foram delineados para o *design* de atividades comunicativas: a criação de um contexto de situação para o uso da língua inglesa, a definição de um propósito comunicativo, algum vínculo com a noção de autenticidade, o levantamento das necessidades comunicativas e dos interesses dos alunos e a adequação linguística e cognitiva das atividades e dos textos. São princípios que visam dar relevância às atividades

107

de aprendizagem e agregar valor comunicativo e motivacional a elas, de modo que os alunos possam dar sentido ao que fazem com a língua inglesa em sala de aula.

Também abordamos a maneira como as atividades podem ser organizadas e sequenciadas para formar uma unidade de ensino. A sua organização é sempre orientada por um objetivo geral de aprendizagem e a sua sequência deve ser realizada com base em critérios, de preferência, cognitivos e de dependência entre tarefas, como foi exemplificado nas propostas de unidades de ensino apresentadas neste capítulo.

LEITURAS SUGERIDAS

AZARNOOSH, M. et al. (org.). *Issues in materials development*. Rotterdam: Sense Publishers, 2016.

LAMBERT, C. Frameworks for using tasks in second language instruction. In: LAMBERT, C.; OLIVER, R. (org.). Using tasks in second language teaching. Practice in diverse contexts. Bristol, Blue Ridge Summit: Multilingual Matters, 2020, pp. 13-30.

XAVIER, R. P. *Metodologia do ensino de inglês*. Florianópolis: DLLE/CCE/UFC, 2011. Disponível em: <https://t4tenglish.ufsc.br/>. Acesso em: 12 maio 2023.

ATIVIDADES PRÁTICAS

1. Em duplas, montem uma tarefa para alunos iniciantes utilizando os dados apresentados a seguir.
   Formulem as instruções em inglês, na modalidade escrita. Ao final, compartilhem a tarefa com os colegas de estágio para uma avaliação e discussão das possibilidades de tarefas com esses dados.

   Task 1.

Joke 1	Joke 2
• What are you watching, dad? • Basketball game. • What's the score? • 117 to 114. • Who's winning? • The team with 117.	**Teacher:** Tom, please spell Mississippi. **Tom:** Which one? The state or the river?

2. Como anda a sua competência estratégia na língua inglesa? Suponha que você tenha que explicar a instrução da atividade a seguir, em inglês, para uma turma de alunos iniciantes. Comece planejando a sua fala. Depois de alguns ensaios, grave a sua explicação em vídeo sem o apoio do seu planejamento e envie a um colega de estágio para ele avaliar o seu desempenho em termos de velocidade de fala, escolhas lexicais e sintáticas, pronúncia, clareza na enunciação, enfim, as estratégias linguísticas e não linguísticas que você utilizou para se fazer compreender.

> **Activity.** Test your classmate's knowledge. You will receive a card with the name of 5 items (see the card example below). Read each item to your pair. He or she is supposed to say if it can be <u>reused</u>, <u>recycled</u> or <u>not recycled</u>. More than one correct answer is possible. Check ( ) your pair's answers in your card. At the end, report how many points your pair has made. Each correct answer is 1 point. Speak in English during the interaction. Use the questions below, if necessary:
>
> *Can you repeat please?* – Se você quiser que o seu parceiro repita. *What's the meaning of... in Portuguese?* – Se você quiser saber o significado de alguma palavra em português.
>
> *Example of card*
>
> | | | | |
> |---|---|---|---|
> | 1. guarana cans | ( ) reused | ( ) recycled | ( ) not recycled |
> | 2. insect spray | ( ) reused | ( ) recycled | ( ) not recycle |
> | 3. newspaper | ( ) reused | ( ) recycled | ( ) not recycled |
> | 4. rest of fruits | ( ) reused | ( ) recycled | ( ) not recycled |
> | 5. plastic bags | ( ) reused | ( ) recycled | ( ) not recycled |

3. O que você entendeu por autenticidade textual, funcional, situacional, interacional e de tarefa?
4. Elabore uma atividade de aprendizagem para uma turma de 8º ano do ensino fundamental, que atenda aos princípios de *design* discutidos neste capítulo. Socialize a sua atividade com os colegas de estágio para obter uma avaliação de sua proposta.

5. Em pares, elabore uma unidade de ensino para uma turma de alunos do ensino fundamental ou médio com, no máximo, quatro atividades comunicativas/tarefas, sequenciadas com base em um ou mais critérios discutidos neste capítulo. Primeiramente, defina o público-alvo e o objetivo final de aprendizagem para a sua unidade de ensino antes de iniciar a elaboração das atividades. Apresente a sua proposta para o professor supervisor e para os colegas de estágio para receber *feedback*. Feito isso, elabore e apresente a sua sequência de atividades para o professor supervisor e os colegas fazerem uma avaliação. Com base no *feedback* recebido, aprimore as suas atividades. Na sequência, redija os planos de aula para a implementação de sua unidade de ensino na turma desejada. Por fim, avalie o processo de implementação e a aprendizagem dos alunos.

A docência

Uma das dimensões da atuação do estagiário de língua inglesa na escola básica é a docência, que acontece em caráter temporário depois de ele ter se familiarizado com a escola e refletivo sobre ela, sobre os estudantes e a abordagem da professora regente – etapas já discutidas no capítulo "A escola".

Antes da docência, o estagiário ainda precisa aprender a planejar o seu ensino e as aulas pensando no público-alvo para o qual vai trabalhar e, para isso, necessita engajar-se nesses dois processos, como já abordado no capítulo "O planejamento". Além disso, ele deve se apropriar de conhecimentos teóricos e metodológicos que vão subsidiá-lo na produção e adaptação de materiais instrucionais, questões já aprofundadas nos capítulos "Tipos de atividades de ensino-aprendizagem" e "Elaboração de atividades e unidades de ensino".

Neste último capítulo, o objetivo é discutir a prática docente na perspectiva acional e atitudinal do professor para provocar reflexões sobre a relação entre o agir docente e a aprendizagem dos alunos e do professor. As ações pedagógicas a serem discutidas aqui envolvem a forma como os conteúdos e as atividades podem ser desenvolvidos, o gerenciamento de sala de aula e o processo avaliativo.

O DESENVOLVIMENTO DOS CONTEÚDOS E DAS ATIVIDADES

Inúmeras possibilidades podem ser criadas para o tratamento dos conteúdos e das atividades pedagógicas em sala de aula, dependendo do tipo de interação que o professor constrói com a turma. É possível, por exemplo, de forma planejada e regular, interagir com os alunos na língua inglesa para desenvolver uma temática ou introduzir uma atividade. Em princípio, alguns duvidariam do sucesso desta empreitada por acreditarem que alunos de escola básica não compreenderiam a fala do professor na língua inglesa e, por essa razão, teriam que traduzir tudo para o português.

Essa crença é bastante comum e preocupante, pois tem suas raízes no preconceito e na desinformação. A interação conduzida pelo professor em Inglês pode sim funcionar e muito bem, seja ela realizada com estudantes de escola pública, particular ou rural, seja com alunos iniciantes, intermediários ou avançados. Isso depende da competência comunicativa e pedagógica do professor, em particular de sua competência estratégica na língua-alvo. No entanto, há que se esclarecer que o uso da língua inglesa como meio de instrução e comunicação em sala de aula não significa usá-la 100%, mas em momentos propícios e planejados para se tornar uma prática regular. Também não significa dispensar o uso do português, pois sabemos que a língua materna beneficia a compreensão e a agilidade no andamento das aulas. Entretanto, esses benefícios não podem ser tomados como desculpa para não propiciar momentos de interação com os alunos na língua inglesa. É preciso ir além das situações de saudação e de despedida nessa língua. Há muitos outros momentos que podem ser planejados para isso. Da mesma forma, há ocasiões em que a língua portuguesa pode (e deve) ser utilizada, como no assessoramento do professor ao aluno em sua carteira, no esclarecimento da(s) dúvida(s) da turma, no recado final à classe quando há poucos minutos para bater o sinal, nos avisos da escola para a classe, na repetição da fala dos alunos como forma de legitimar a sua voz etc.

O uso da língua inglesa pelo professor em sala de aula não implica exigir que os alunos a usem para participar das interações, pois o que está em jogo na comunicação do professor com os alunos nessa língua não é o desenvolvimento da produção oral da turma, mas o desenvolvimento da compreensão oral e a aprendizagem incidental de qualquer aspecto da língua-alvo (pronúncia, vocabulário, sintaxe etc.).

Nas aulas de Inglês, é comum o professor encaminhar perguntas para a classe com o objetivo de explorar um texto ou uma imagem, como propôs a professora Clara em seu plano de aula no capítulo "O planejamento", seção "Procedimentos de ensino". No plano, perguntas orais foram formuladas em inglês para explorar as imagens apresentadas e, assim, introduzir o tema da aula (*warning signs*) e montar um esquema com palavras-chave no quadro. Dessa forma, Clara buscou fomentar a compreensão oral e a leitura.

Outro exemplo é o da professora Laura, que planejou algumas perguntas orais em inglês sobre o tema "*Water*", conforme relato de observação de aula apresentado no capítulo "A escola", na Atividade Prática 3. O objetivo de Laura foi evocar o conhecimento prévio dos alunos sobre o tema para montar um esquema em inglês no quadro. Assim como Clara, Laura também buscou desenvolver a compreensão oral e a leitura na língua inglesa ao propor essa dinâmica (perguntas orais para a classe e esquema no quadro). Por isso, para ambas, não importavam respostas em português.

Em sala de aula, a fala do professor em inglês demanda calibragem linguística e velocidade de fala moderada quando os alunos apresentam pouca proficiência nessa língua. Imagine conversar com uma criança em português utilizando estruturas e léxico que estejam além de sua capacidade de compreensão. A comunicação vai falhar. O mesmo acontece nas aulas de Inglês. Cabe ao professor utilizar estratégias verbais e não verbais para se fazer compreender, como o uso de formas sintáticas simples, palavras cognatas, paráfrases, explicações, exemplificações, repetição de fala, sentenças curtas, enunciação clara, gestos, expressões faciais, desenhos na lousa, símbolos, entre outras estratégias comunicativas. O contexto da situação também ajuda os alunos na compreensão, como a pergunta "*Any doubt?*", feita ao final da correção de uma atividade. Se, porventura, não houver entendimento, o professor pode negociar, desenhando um ponto de interrogação no quadro ao repetir a pergunta. Essas estratégias são formas de negociação de significados (*meaning negotiation*). São modificações, simplificações ou reestruturações de fala para assegurar a compreensão dos alunos.

Vamos supor que um professor de inglês faça a seguinte pergunta para a classe, como trabalho de pré-leitura: "*What's the text about?*". Possivelmente, os alunos não irão compreendê-la devido a sua estrutura linguística. A única palavra que carrega valor comunicativo é o substantivo *"text"* (*content word*) que, sozinho, não ajuda os alunos a associarem a pergunta ao seu significado. Nesse caso, o professor pode contar com uma segunda opção (*"What's the topic of the text?"*), cuja estrutura sintática é mais simples e carrega a presença de um segundo cognato (*topic*), que permite aos alunos associá-lo com a palavra *"text"*. Se, por um lado, não é possível afirmar que essa opção vai garantir uma resposta imediata dos alunos, por outro, ela vai ajudar a estimular a criação de hipóteses. Isso é nítido quando alunos se manifestam pedindo confirmação ("Você está perguntando o tópico do texto?"). Basta ao professor confirmar ("*Correct!* Estou perguntando qual é o tópico, o assunto do texto. *What's the topic of the text?*"). Muitas vezes, é preciso repetir a pergunta e aguardar a resposta sem querer atropelar ou apressar o momento, querendo, por exemplo, traduzir imediatamente a fala para o português ou responder à própria pergunta. Deixe os alunos pensarem e se expressarem!

A interação, a seguir, ilustra uma interação negociada entre professor e alunos durante a correção de uma atividade de compreensão em leitura em um 6º ano do ensino fundamental, em contexto de escola pública. Nessa interação, a professora faz uso de estratégias como a repetição da pergunta, a retomada do contexto da situação e a oferta de alternativas para ajudar os alunos a entender a sua pergunta (*Where is Coral?*).

Professora: *Where is Coral? [...] Where is Coral?*
Aluno 9: Afro-caribenha.
Professora: *No, no. Where? Where is Coral? Because Coral is orphan, she has no parents. She has no mother, no father. So where is Coral? In your opinion, where is she? In my house? In your house?*
Aluno: No orfanato.
Professora: *Right! No orfanato. In the orphanage. She's in the orphanage* (escrevendo essa informação no quadro). (Xavier, 1999: 546-547)

Cabe ressaltar que, às vezes, os alunos demoram a responder às perguntas do professor, e esse fato pode não estar diretamente relacionado a problemas de compreensão, mas à timidez, à baixa autoconfiança, à necessidade de mais tempo para pensar ou, ainda, ao fato de não saber a resposta.

A docência

É o que Xavier (1999: 225) constatou em seu diário de aula como professora de Inglês em um 6º ano do ensino fundamental. Em suas palavras: "Feita a compreensão da história, perguntei para A20 as características de Jack. Como ela estava demorando muito para responder, A22 resolveu traduzir a minha pergunta. A20, então, disse: 'Eu sei!', querendo dizer que ela havia entendido. Ela por fim respondeu: '*I don't know*'."

Nem sempre os alunos aceitam facilmente o inglês como meio de instrução. A resistência é marcada pelos apelos e comentários do tipo: "Fala em português!", "Não tô entendendo nada!", "A gente mora no Brasil, por que tem que falar em inglês?". Tal resistência pode ser explicada pela insegurança dos estudantes quanto a sua capacidade de compreensão. Eles acham que precisam entender toda palavra enunciada, querem ter certeza do que está sendo perguntado/explicado, pois duvidam que estejam realmente entendendo. Também não estão acostumados a experiências desse tipo, pois muitos professores de Inglês tendem a exagerar no uso da língua materna em sala de aula, ficando os alunos com exposição restrita às instruções das atividades e aos textos do livro didático.

Para lidar com a insegurança dos alunos, é preciso esclarecer a eles a razão pela qual a interação está sendo conduzida em inglês, os benefícios que isso traz para a sua aprendizagem e o fato de que eles não precisam entender palavra por palavra para poderem compreender a ideia geral do que é dito. Além disso, é normal ter dúvidas de compreensão e que elas podem ser sanadas com a ajuda dos colegas e do professor. Os colegas ajudam quando pedem esclarecimento (*"Teacher, can you repeat, please? I didn't understand."*) ou buscam confirmar o que entenderam ("É para ler e responder?"). O professor, por sua vez, ajuda ao confirmar em português o que o aluno compreendeu (*"Right!* É para ler e responder, mas é para responder *in Portuguese or in English*?") e ao utilizar ritmo moderado de fala, quando negocia significados sem ter pressa ou ansiedade de prosseguir com o conteúdo da aula e as atividades, porque isso compromete o tempo de que o aluno precisa para processar e refletir, com calma, as informações que ouve na língua inglesa.

Muitas vezes, a ansiedade do professor o faz traduzir para o português o que acabou de dizer em inglês (tradução consecutiva); ao fazer isso, rouba a atenção dos alunos sobre o objeto do entendimento: a língua inglesa. É preciso despertar o sentimento de autoconfiança dos estudantes

117

sobre a sua capacidade de compreensão nessa língua. Palavras de encorajamento e elogios podem ajudar quando eles verbalizam a compreensão correta (*Good!, Right!, Perfect!*). Questionamentos do professor também ajudam quando os alunos demonstram entendimento parcial ("*Good*, é para vocês completarem a tabela, mas com base em quê?"), assim como a repetição das respostas dos alunos para reafirmar e legitimar a sua voz ("*Ok, good,* com base no texto."). No entanto, só isso não basta para criar alunos autoconfiantes. É preciso reconhecer que certos comportamentos podem ser sinais de engajamento, e não de indisciplina, como em situações em que vários alunos, ao mesmo tempo, traduzem a fala do professor ou pedem confirmações a todo momento ("É pra gente explicar?"; "Se a gente conhece alguma pessoa que pegou covid?"). Essas situações não devem ser interpretadas como um "estorvo" ou "indisciplina", mas um sinal de participação, pois os alunos desejam ter a sua compreensão confirmada. Se essas manifestações são feitas de modo desorganizado, cabe ao professor organizá-las.

O Quadro 13 resume os pontos discutidos nesta seção e apresenta algumas dicas para o desenvolvimento dos conteúdos e das atividades na interação do professor com os alunos na língua inglesa.

Quadro 13 – Criação de oportunidades de aprendizagem de inglês pelos conteúdos e atividades

Pontos a considerar	Dicas
Perguntas orais em inglês com o objetivo de: a. Explorar imagens; b. Evocar conhecimento prévio dos alunos sobre o tema da aula; c. Montar esquemas em inglês no quadro com as respostas da turma; d. Familiarizar os alunos com o assunto dos textos escritos/orais que vão ler/ouvir.	• Negocie significados; • Escreva palavras-chave no quadro, mesmo que forem cognatas; • Utilize o quadro como recurso para auxiliar nas explicações; • Confirme os pedidos de compreensão, ecoando, refazendo ou questionando as falas dos alunos; • Elogie e agradeça as contribuições; • Deixe claro que as respostas são em português, pois o objetivo central é a compreensão oral.

GERENCIAMENTO DE SALA DE AULA

Gerenciar uma sala de aula significa criar um ambiente saudável e propício para a aprendizagem. Isso envolve manter a turma organizada e focada nas atividades, significa engajá-la nas decisões de sala de aula e implica maximizar as oportunidades de aprendizagem na língua inglesa por meio das interações naturalmente geradas no cotidiano de sala de aula. Cada uma dessas questões é discutida a seguir.

Organização dos alunos

Algumas situações podem desestabilizar o bom funcionamento da sala de aula, como conversas paralelas, brincadeiras de alunos com bolinhas de papel ou pedaços de giz, resistências à participação na aula, insultos morais e agressões físicas. Elas representam atos de indisciplina e desrespeito.

Indisciplina refere-se às situações de tensão, confronto e mau comportamento, que comprometem o processo de ensino-aprendizagem e a relação de parceria entre o professor e os alunos; por isso, não podem ser ignoradas. É preciso agir com firmeza e ser claro sobre os limites que foram transgredidos e as consequências disso para uma relação respeitosa dentro de sala de aula. No entanto, nem sempre certos eventos representam atos indisciplinares. É o caso de conversas paralelas que podem ser sobre o assunto da aula ou, ainda, acontecer enquanto os alunos copiam os conteúdos do quadro.

Quando as conversas paralelas distraem a atenção dos colegas ou atrapalham o professor em sua explicação ou na sua dinâmica interativa com a classe, a situação é diferente. Há uma ruptura no pacto de compromisso entre professor e alunos, pois os que atrapalham ignoram o propósito pelo qual o professor está ali: promover a aprendizagem de todos. Ao fazerem isso, desrespeitam o direito daqueles que querem participar da aula e aprender. Portanto, é preciso informar aos que conversam e atrapalham os efeitos de seus atos na aprendizagem dos demais, e isso poderia ser feito em inglês: "*João and Paulo. Your conversation is disturbing the class and distracting your classmates' attention. Can you stop and pay attention please?*"). A fala deve vir acompanhada de contato visual e um 'tempinho' para que os alunos se realinhem em suas carteiras (*"Can you sit down properly, please?"*). Sabemos que a comunicação vai além de palavras e gestos; inclui olhar e postura. Além disso, saber os nomes dos alunos é fundamental para uma relação de aproximação.

A organização livre dos alunos nas carteiras nos permite conhecer um pouco da personalidade de cada um. Os que se sentam à frente costumam ser mais atentos em relação aos que se sentam ao fundo. Estudos têm mostrado a relação entre o lugar de sentar do aluno e o seu processo de aprendizagem, sua participação nas aulas e o seu desempenho (Rogers, 2020; Haghighi e Jusan, 2012). Dependendo do número de alunos por sala, configurações como semicírculo podem favorecer maior engajamento em comparação a trabalhos em pares ou em grupos.

Muitos professores se questionam sobre onde acomodar determinados alunos quando querem evitar/resolver um problema de indisciplina, reduzir a desatenção, incentivar a participação ou separar aqueles que se desentendem, sem mexer na zona de conforto dos alunos pacíficos e participativos. Afinal, essa é uma das responsabilidades do professor no gerenciamento de sala de aula. Não são decisões fáceis, mas dependem do bom senso. Algumas vezes, o aluno se recusa a sair de seu lugar. Não quer se sentar à frente da sala ou ficar próximo a um colega com quem não tem afinidade. Nesse caso, recomenda-se o uso de estratégias de persuasão que deixem claro que a mudança de lugar é uma ação que beneficia o próprio aluno, pois traz a ele maiores chances de participar e se engajar na aula. É fato que nem sempre o professor consegue sensibilizar o aluno, mas precisa tentar.

Quando poucos alunos estão presentes em sala, há uma tendência de eles se acomodarem em carteiras distantes do professor, muitas vezes em lugares em que nunca se sentaram. É sempre bom tê-los mais à frente e mais unidos. Assim, a atenção do professor se foca no grupo em sua totalidade, evitando que os mais isolados passem despercebidos no olhar do professor.

A organização de turnos de fala também é de responsabilidade do professor, pois, dependendo da idade e da turma, todos querem falar ou responder ao mesmo tempo. Se, por um lado, esse comportamento é sinal de engajamento, por outro, inviabiliza o professor e a própria turma de ouvir devidamente uns aos outros e de avaliar as respostas dadas. Na sobreposição de falas, é preciso definir os turnos, nomeando um ou outro aluno para responder ("*Wait a minute!! I can't understand! Joana, please.*"). Mesmo assim, há aqueles que interrompem, cabendo ao professor, novamente, ressaltar quem deve responder ("*Joana, not Marcos.*") ou, ainda, adotar uma política de os alunos levantarem a mão para a escolha de quem vai responder ("*Raise your hands, please, Suzana.*"). O importante é ficar atento para não concentrar os turnos de fala nos mesmos alunos. Todos devem ser lembrados e chamados a participar, não apenas aqueles com maiores chances de acertar a resposta.

Participação dos alunos nas ações e decisões de sala de aula

O envolvimento dos alunos nas aulas de Inglês depende do tipo de relação que o professor constrói com a turma. Se essa relação é de parceria, os papéis que o professor tradicionalmente assume em sala de aula podem ser compartilhados com os alunos para eles se sentirem corresponsáveis pelo processo de ensino, aprendizagem (a sua e a de seus colegas) e avaliação. Algumas possibilidades são discutidas nas próximas subseções.

A CHAMADA

No início da aula, é comum o professor de Inglês realizar a chamada pelo nome ou número do aluno. É um evento comunicativo que pode (e deve) ser encarado como uma situação de aprendizagem de língua inglesa. O número de cada aluno seria pronunciado em inglês pelo professor, que escreveria o dígito correspondente no quadro para o aluno e o restante da classe fazerem a associação. Com a frequência dessa prática, os estudantes vão se familiarizando com a pronúncia de seus números e a dos números de seus colegas e, com o tempo, poderão ser convidados a fazer a chamada em inglês, enquanto o professor realiza outra tarefa. É importante que esse evento seja regular, assim como as respostas dos alunos em inglês ("*Present.*", "*Absent.*", "*S/he's outside.*", "*S/he doesn't come anymore.*" etc.), pois alguns são resistentes a falar, enquanto outros se esquecem de responder nessa língua. Por isso, é importante insistir ("*In English, please.*").

EXPLICAÇÃO DAS ATIVIDADES

Na maioria das vezes é o professor de Inglês quem assume o papel de explicar as instruções das atividades; porém, os próprios alunos poderiam fazer isso em português, com as próprias palavras. Basta o professor solicitar: "*Class, can you explain the activity in Portuguese, please? No translation. I want an explanation*", e tornar essa prática regular e constante em sala de aula. Também cabe a ele confirmar as explicações dadas, repetindo as informações corretas, questionando o que ainda falta explicar, elogiando e, ao final, resumindo o que os alunos explicaram, podendo ainda traduzir o enunciado para que a turma possa relacionar forma e significado.

Tornar essa prática rotineira favorece a coparticipação dos alunos no processo de ensino-aprendizagem, além de contribuir para a formação de indivíduos colaborativos, responsáveis pela construção de significados e autônomos quando tomam a iniciativa de explicar para o coletivo. Portanto, propor aos alunos que leiam as instruções das atividades e manifestem o que entenderam é um evento de compreensão em leitura e uma forma de gerenciamento compartilhado.

Há várias maneiras de o professor conduzir as instruções de uma atividade. Enunciados simples que exigem pouco processamento linguístico e cognitivo, devido à presença de palavras cognatas e de *design* familiar, podem ser facilmente explicados pelos alunos, como nos seguintes enunciados: "*Read the interview below and answer the questions in Portuguese*" e "*Complete the bus time table below based on the information in the text*". Por outro lado, em instruções mais longas, que requerem uma maior interpretação e uma quantidade maior de processamento da informação por parte dos alunos, a sugestão é o professor explicá-las em inglês, utilizando as próprias palavras e buscando se fazer compreender para, em seguida, pedir aos alunos que verbalizem o que entenderam ("*Class, did you understand my explanation? Do you want me to explain again? So, can you explain the activity in Portuguese, please?*"). Assim, o professor investe na compreensão oral. Há ainda a opção de a turma ler silenciosamente esse tipo de instrução (mais longa e complexa) para depois explicarem, em português, o que devem fazer na atividade. Nesse caso, o professor investe na compreensão leitora.

Não recomendo, entretanto, as seguintes possibilidades: (i) o professor faz a leitura das instruções longas, em voz alta, para os alunos explicarem em português e (ii) um aluno é solicitado a realizar a leitura das instruções, longas ou curtas, em voz alta, para ele ou a classe explicar. No primeiro caso, a leitura oral feita pelo professor vai exigir uma alta carga de processamento por parte dos alunos, pois a sua atenção vai estar ocupada em decodificar as palavras que estão sendo lidas. Vão querer traduzir palavra por palavra enquanto ouvem. Sabemos que a compreensão de um texto não é um processo linear ou o resultado da soma do significado semântico de suas palavras, mas a construção de sentidos que necessita a mobilização de estratégias descendentes (*top-down strategies*), como o conhecimento de mundo e o conhecimento linguístico prévio do aluno. No segundo caso, a leitura oral feita pelo aluno vai exigir dele não somente uma alta demanda no processamento das informações, mas também a sua atenção sobre a pronúncia das palavras enquanto lê. Soma-se a isso a situação de vulnerabilidade desse aluno perante a turma, pois poderá ser alvo de críticas e chacotas com relação a sua pronúncia.

RESOLUÇÃO DE PROBLEMAS

Outra função que o professor desempenha na sala de aula é solucionar dúvidas. É comum os alunos lançarem perguntas de diferentes naturezas, como o significado de palavras/termos em inglês, a pronúncia ou a escrita de vocábulos, dúvidas relacionadas à atividade etc. No entanto, muitas dúvidas poderiam ser respondidas pela própria classe se o professor as repassasse para o coletivo. Assim, os alunos se sentiriam parceiros, colaborando com o ensino e a aprendizagem dos colegas. Nesta perspectiva, a sala de aula teria que se tornar um espaço de dinâmica participativa com a descentralização da figura do professor. Nos exemplos a seguir, os alunos são engajados na resolução de problemas. Na primeira interação, um aluno (A3) deseja saber o significado de uma frase que aparece no título do texto, e na segunda interação, A7 tem dúvidas com relação ao que fazer na atividade. Em ambas, o professor dá voz aos alunos para poderem sanar as dúvidas dos colegas.

Quadro 14 – Exemplos de participação dos alunos na resolução de problemas

Interação 1	Interação 2
A3: *Teacher*, essa palavra aqui no título é alta pressão? **Teacher:** Que palavra? **A3:** *High blood pressure.* **Teacher:** *Folks, high blood pressure* é alta pressão? **AA:** [...]. **Teacher:** Ok, pressão alta.	**A7:** *Teacher*, o que é para fazer na atividade? **Teacher:** *Folks*, o que é para fazer na atividade? **AA:** [...]. **Teacher:** *Did you understand?* **A7:** *Yes.*

CORREÇÃO E ANÁLISE DE RESPOSTAS

Faz parte do trabalho do professor de Inglês corrigir e avaliar a produção dos alunos, assim como tomar decisões com relação aos testes de desempenho. No entanto, é possível compartilhar essas responsabilidades com os alunos, como a correção das respostas dos colegas quando apresentadas ao coletivo da classe (*"Folks, is that correct?"*; *"Do you agree with that answer?"*). O papel do professor é confirmar o *feedback* da classe (*"Ok, it's correct!"*) ou fazê-los refletir (*"Really? Are you sure?"*; *"No, it's not correct. What's the correct answer?"*).

Outra função que os alunos poderiam assumir é a análise linguística das respostas dos colegas quando registradas no quadro em inglês ou português. É comum observar erros ou lapsos que podem ou não comprometer a inteligibilidade. Por isso, a classe poderia ser encorajada a identificar problemas linguísticos para tornar as produções escritas mais acuradas (*"Folks, there are two grammatical problems in this answer. What are they?"*). Isso não significa expor as fragilidades dos alunos, mas conscientizá-los de que a sua produção pode ser melhorada.

Quando a correção é oral, pode-se fazer uso de uma bola. O professor inicia jogando-a para um aluno responder à primeira questão da atividade. Depois de a classe ter avaliado a resposta do colega e o professor confirmado a resposta correta, o aluno com a bola prossegue a correção, lendo a próxima questão, nomeando um colega e repassando a bola para ele responder. É preciso, no entanto, dar as devidas instruções para o uso adequado desse recurso para não gerar brincadeiras indesejadas. O objetivo é atribuir aos estudantes a responsabilidade de gerenciar a dinâmica da correção, definindo quem vai responder às perguntas.

Há ainda a possibilidade de os alunos participarem das decisões avaliativas, como estipular o valor de cada atividade/questão da prova, formular questões extras, decidir quais atividades deseja realizar em um rol de tarefas apresentadas, produzir um teste em grupos para a troca entre eles, corrigir a prova do colega ou a própria prova etc.

OUTRAS FORMAS DE COPARTICIPAÇÃO

Há ainda outras funções que são geralmente desempenhadas pelo professor, mas que podem ser atribuídas aos alunos, como apagar o quadro (*"Mariana, can you erase the board, please?"*), distribuir as atividades para a turma (*"Jorge and Pâmela, can you distribute these activities to your classmates, please?"*), afixar figuras no quadro (*"Juliana, can you help me fix these pictures on the board, please?"*), recolher as produções dos alunos (*"Alex, can you collect your classmates' answers/texts, please?"*) etc.

Todas essas iniciativas tomadas pelo professor ampliam a visão de sala de aula como um espaço de parceria, colaboração e compartilhamento de tarefas, que beneficiam o processo de ensino e aprendizagem da língua inglesa e aproximam o professor dos alunos.

Interações do cotidiano de sala de aula

A sala de aula tem como princípio básico a interação. O seu conceito transcende as situações de comunicação propiciadas por meio das atividades de aprendizagem. Inclui, também, a ação conjunta do professor e dos alunos na construção da aula. Com base nesse conceito mais geral de interação, as aulas são eventos socialmente construídos, independentemente do poder que qualquer um dos participantes possa exercer sobre o outro.

Assim sendo, as interações que acontecem no cotidiano das aulas de língua inglesa são formas genuínas de socialização e, portanto, oferecem oportunidades para a aprendizagem da língua. Essas interações são construídas por meio da linguagem de sala de aula (*classroom language*), que constituem os comandos e as falas rotineiras do professor e dos alunos.

AS FALAS ROTINEIRAS DO PROFESSOR

Nas aulas de língua inglesa, as falas do professor expressam diferentes funções comunicativas com o propósito de: questionar, encorajar, explicar, anunciar, informar, elogiar, sugerir, pedir atenção, organizar a classe etc. Muitas vezes são manifestadas por enunciados curtos e pontuais, como "*Pay atttention!*", "*Silence, please*" para solicitar a atenção da classe; "*In pairs, please*" para pedir uma configuração em pares; "*How are you?*" para cumprimentar a turma etc. Outras vezes, as falas são mais robustas em virtude do número maior de informações a serem compartilhadas, como anunciar uma prova, por exemplo. Para isso, o professor necessita informar a data, os conteúdos, a forma como ela será realizada, individualmente ou em grupos, o seu valor, o número de atividades/questões etc. O Quadro 15 apresenta algumas funções comunicativas que podem ser realizadas pelo professor na língua inglesa.

Quadro 15 – Funções comunicativas desempenhadas pelo professor de Inglês na sua interação com os alunos

- **Agradecer** a explicação da atividade feita pelos alunos; a ajuda recebida por alguém etc.
- **Cumprimentar/despedir-se** os/dos alunos no momento da chegada em sala de aula e na saída, respectivamente.
- **Elogiar** as respostas dadas; a grafia; o desenho; o desempenho dos alunos etc.
- **Explicar** as instruções das atividades; os conteúdos; os procedimentos de como fazer algo etc.
- **Informar** o tempo para a realização da atividade; o tempo restante para finalizá-la; o desempenho dos alunos na prova e os problemas observados; o dia de entrega do trabalho; o dia da prova; a disponibilidade de dicionários; o valor a ser atribuído ao *homework* etc.
- **Pedir** que façam silêncio; que deem uma opinião; que levantem a mão para responder; que fiquem sentados/de pé; que abram/fechem os livros ou cadernos; que leiam; que repitam; que ouçam; que escrevam; que peguem o material da mochila; que guardem certos objetos; que expliquem as instruções; que se organizem em duplas/grupos; que entreguem as tarefas para a correção; que alguém distribua/recolha as atividades; que alguém abra/feche a porta ou ligue/desligue o ventilador; que alguém ajude na colocação de *flashcards* no quadro; que alguém mude de lugar; que alguém vá buscar algo fora de sala de aula; que alguém lhe empreste uma caneta etc.
- **Perguntar** como estão; sobre o que sabem a respeito de um assunto; se compreenderam; se têm dúvidas/perguntas; o que compreenderam; o significado de palavras; se terminaram a atividade; se necessitam de mais tempo; se a resposta está certa ou errada; se concordam ou discordam com algo etc.
- **Repreender** quando a conversa paralela atrapalha; quando um aluno copia a resposta do colega; quando o comportamento de alguém é inadequado etc.

Dentre as várias funções comunicativas que o professor manifesta em inglês, elogiar é a mais importante, pois ajuda a aumentar a autoestima dos alunos. Por outro lado, exagerar no elogio ou fazê-lo sem critério, como se tudo fosse "*very good*", pode esvaziar o verdadeiro significado de seu uso. Diversificar o elogio também ajuda na variedade de amostras de língua (*Good!, Fantastic!, Perfect., Exactly!, Right!, Yes!*).

Repreender os alunos na língua inglesa costuma ser uma questão polêmica entre os professores que acreditam não surtir efeito no comportamento dos alunos e, por essa razão, preferem fazê-lo em português. Na realidade, teria um bom efeito se a fala do professor fosse relativamente simples, clara e contundente, como: "*Joaquim, stop that! You are disturbing the class*", "*João, stop disturbing Leonardo*", "*Linda, this is the second time I ask you to stop talking with Samanta. You are distracting the other students' attention. Stop that, and, please, sit down correctly.*". São falas que incorporam palavras cognatas e frases sintaticamente simples, podendo ser acompanhadas de gestos. O tom firme de voz, a expressão facial e o contato visual também permitem que os alunos compreendam o propósito da fala do professor. Não é preciso gritar ou bater na mesa, mas ser enfático e incisivo mantendo a calma. Outra possibilidade é aproximar-se do aluno e repreendê-lo no privado, em português. O uso da repreensão em inglês, quando necessário, promove um momento coletivo de aprendizagem em contexto genuíno de comunicação.

As funções apresentadas no Quadro 15 são exemplos do que é possível acontecer na interação professor-aluno(s) por meio da língua inglesa. O seu uso regular favorece a aprendizagem incidental e implícita de aspectos diferenciados da língua. Aprendizagem incidental refere-se à aprendizagem não intencional. É o caso de um aluno que, ao tentar compreender a fala do professor, acaba aprendendo a pronúncia ou o significado de certos vocábulos. Aprendizagem implícita, por sua vez, consiste no processo pelo qual nos tornamos sensíveis a certas regularidades no insumo sem saber que estamos aprendendo-as e de tal modo que o conhecimento resultante torna-se tácito e intuitivo. Ela é favorecida quando o professor regularmente usa as mesmas estruturas linguísticas para as funções comunicativas cotidianas de sala de aula. A frequência de uso da mesma estrutura potencializa a aprendizagem por exemplares. Segundo Ibbotson (2014: 295), a aprendizagem baseada em exemplares "reconhece que uma grande parte do conhecimento linguístico de uma pessoa é construída com base em fragmentos da língua incorporados nas expressões que as pessoas utilizam em suas interações diárias". Com a familiaridade dos alunos com essas estruturas, o professor pode ir gradualmente introduzindo outras estruturas para as mesmas rotinas, como iniciar com a estrutura "*Can you explain the activity in Portuguese, please?*" e, depois de perceber que os alunos já estão familiarizados com ela e a sua função, mudar para "*What are you supposed to do in this activity?*". Assim, amplia-se o número de exemplares que realizam a mesma função comunicativa. Com o tempo e a rotina das interações em inglês, os alunos vão se acostumando, aumentando a sua autoconfiança e aprendendo.

Vale salientar que, nem sempre, o uso inicial de um exemplar vai ser imediatamente compreendido pelos alunos. Às vezes, é preciso negociar o que acabou de dizer. Vamos retomar a seguinte solicitação do professor à classe: "*Class, can you explain the activity in Portuguese, please?*". Ao perceber que os alunos não entenderam o pedido, o professor recorre ao uso de sinonímias: "*Can you explain what you have to do in this activity? What do you have to do in this activity? What are you supposed to do?*", mas sem sucesso. Possivelmente, ele vai se convencer de que é impossível se comunicar na língua inglesa com os alunos.

Neste cenário, o equívoco está na estratégia que o professor utilizou para negociar o significado da estrutura. Ele mobilizou exemplares linguisticamente mais complexos em vez de explicar o que queria dizer, como por exemplo: "*Ok, I want you to explain the activity to me. I want an explanation of what you have to do in activity 2*", com a ajuda de gestos (*I, you, me*), fala clara e pausada e o registro de palavras-chave no quadro (*explain/explanation of the activity*). Outra possibilidade seria escrever o pedido no quadro para a sua leitura. Assim, os alunos relacionariam a escrita, a pronúncia, o significado e a sua função no contexto de situação. Se ainda não for possível uma reação ou tentativa de confirmação da classe, a cartada final é o uso do português ("Estou pedindo para vocês explicarem a atividade para mim, em português. *Can you explain the activity in Portuguese, please?*"). Vale ressaltar que o tempo despendido na negociação de significados não deve ser interpretado como um desperdício de tempo, mas uma oportunidade de reflexão linguística e de desenvolvimento cognitivo e interacional dos alunos em contexto de comunicação genuína.

AS FALAS ROTINEIRAS DOS ALUNOS

Não é comum alunos de escola básica interagir com o professor em inglês no cotidiano de sala de aula, pois essa iniciativa não depende dos alunos, mas das atitudes e ações do professor. Cabe a ele, por exemplo, insistir que os alunos usem falas/estruturas que já conhecem, como no momento da chamada (*here, absent*) e em perguntas de sim/não ou naquelas com alternativas em inglês ("*Did you understand? Yes, no or more or less?*"; "*Do you agree or disagree with Joana's opinion?*"; "*Which type of weather do you prefer? Hot weather or cold weather?*"). São situações que demandam produções simples de fala, mas que os alunos se esquecem, ignoram ou resistem. O Quadro 16 apresenta algumas funções comunicativas que podem ser realizadas na língua inglesa pelos alunos na interação com o professor e seus colegas.

Quadro 16 – Funções comunicativas desempenhadas pelos alunos na sua interação com o professor de inglês e seus colegas

- **Agradecer** o professor ou o colega pela ajuda, pelo empréstimo de um lápis ou caneta etc.
- **Avaliar** a veracidade de uma informação (*true/false*), a resposta do colega (*correct/incorrect/partially correct*) etc.
- **Cumprimentar/despedir-se** o/do professor, o/do colega ou de alguma pessoa que veio à sala de aula para dar um recado à turma etc.
- **Desculpar-se** por alguma coisa que fez ao professor/colega, por ter feito barulho ou incomodado alguém etc.
- **Informar** que não trouxe a tarefa; que fez/não fez a tarefa; que se esqueceu do livro/caderno em casa; que já finalizou a atividade; que não sabe a resposta; que não entendeu a explicação etc.
- **Opinar** sobre a melhor data de entrega do trabalho; sobre qual atividade deverá valer nota etc.
- **Pedir** para ir ao banheiro ou tomar água; para apagar o quadro; para o professor/colega repetir; para entrar na sala de aula quando chega atrasado; para responder no quadro; para o professor não apagar as informações da lousa etc.
- **Perguntar** o significado de uma palavra/expressão, a pronúncia, a forma como dizer/escrever algo; se a sua resposta ou a do colega está correta; se pode entregar a tarefa na aula seguinte etc.

Para que essas e outras funções sejam realizadas em inglês na sala de aula, exemplares precisariam ser apresentados aos alunos. Uma ideia é afixar um cartaz, em lugar visível para toda a turma, com o registro inicial de duas ou três falas em inglês e, aos poucos, sendo ampliado com outras expressões de acordo com as necessidades comunicativas mais frequentes dos alunos. Isso vai exigir do professor uma coleta de falas cotidianas recorrentes dos alunos para a escolha das que serão candidatas ao cartaz. O objetivo é oferecer uma pequena lista de enunciados sem a sua tradução, para quando os alunos forem interagir com o professor na língua inglesa, como: "*May I go to the toilet please?*", "*What's the meaning of _____ in Portuguese?*", "*How do I say _____ in English?*", "*I've finished*" etc. No entanto, de nada adianta construir esse cartaz se o professor não insistir no uso regular das expressões, que deve fazer parte da rotina de sala de aula. Desse modo, os alunos aprendem a usar a língua-alvo para propósitos comunicativos, além de compreenderem os seus colegas nessa língua, espelhando-se neles no momento em que desejar se comunicar com o professor.

AVALIAÇÃO DO DESEMPENHO DOS ALUNOS

No capítulo "O planejamento", discutimos a avaliação da aprendizagem, que consiste em uma atividade contínua e interpretativa do desempenho dos alunos, podendo ser mensurado por meio de provas (lado somativo) e/ou observado e correlacionado com variáveis internas e externas ao processo de ensino-aprendizagem (lado formativo). Nesta seção, vamos abordar o lado formativo e diagnóstico da avaliação, critérios e formas de correção.

A avaliação formativa consiste em uma análise qualitativa do que os alunos conseguiram alcançar com base no que foi ensinado/desenvolvido na(s) aula(s). É um dado informativo que permite ao professor rever a sua prática pedagógica para decidir se prossegue no caminho planejado ou redireciona as suas ações para assegurar a aprendizagem daqueles que apresentaram dificuldades no percurso. Assim, o lado formativo da avaliação cumpre a sua função de não somente informar a ação pedagógica, mas também diagnosticar os problemas com vistas ao desenvolvimento dos alunos.

Como já mencionado, o desempenho de uma turma é avaliado com base nos objetivos de aprendizagem que o professor define para as suas aulas. Por isso, quando uma prova, um teste ou qualquer outro instrumento de avaliação é elaborado, o que está em jogo é o alcance desses objetivos. Vamos supor a seguinte situação: Luci é uma professora de Inglês que segue a abordagem estrutural de ensino. Nas últimas aulas, ela explicou o uso do verbo modal *should/shouldn't* e propôs vários exercícios de preenchimento de lacunas com o objetivo de os alunos assimilarem o significado e o uso correto desse verbo na função comunicativa "aconselhar" ("*Students shouldn't chew gum in the classroom.*"). Na prova, Luci elaborou três atividades. A primeira consistiu em um texto intitulado "*Interview Etiquette: how to behave in an interview*", seguido de uma lista de afirmações com *should/shouldn't* para o aluno colocar verdadeiro ou falso de acordo com o conteúdo do texto ("*The candidate shouldn't ask questions.*"). Nessa atividade, os alunos tinham que demonstrar compreensão de informações específicas (*scanning*) para relacioná-las com as afirmações formuladas com *should/shouldn't*. A segunda atividade apresentou perguntas de compreensão do mesmo texto ("Do que se trata o texto que você leu?", "O que ele diz sobre a maneira como um candidato deve se vestir?", "Segundo o autor, o que o candidato deve fazer antes da entrevista?"). O objetivo esperado era compreender a ideia geral (*skimming*) e informações específicas (*scannning*). Por fim, a terceira atividade foi um caça-palavras para os alunos encontrarem cinco vocábulos que apareciam no texto. O objetivo era reconhecer a ortografia correta de determinadas palavras. Será que os objetivos dessas atividades espelham o que foi ensinado nas aulas de Luci? Os alunos foram preparados para desenvolver estratégias de leitura (*skimming* e *scanning*) e dominar a ortografia de palavras?

A situação aqui retratada sugere que a prova elaborada por Luci não tem validade de conteúdo, pois ela não avalia o que ensinou nas aulas, isto é, o significado e o uso correto de *should/shouldn't*. Em outras palavras, os acertos/erros dos alunos nas atividades não podem ser correlacionados com o domínio/a falta de domínio, respectivamente, do significado de *should/shouldn't*, pois outras variáveis estão em jogo na realização dessas atividades, como as estratégias utilizadas pelos alunos para a compreensão textual e a identificação gráfica de vocábulos isolados. Observa-se, portanto, um descompasso entre o que Luci ensinou/desenvolveu nas aulas e o que ela realmente avaliou na prova.

Outra situação fictícia é do professor Rodrigo que aplicou a unidade de ensino "*Pets*", apresentada no capítulo anterior, em uma turma de 7º ano do ensino fundamental. Para essa unidade, o objetivo de aprendizagem era: "Participar de uma entrevista em *podcast* sobre as vantagens e desvantagens de se ter um animal de estimação", que seria alcançado na última tarefa da unidade de ensino (*Task 3*). Com base nos áudios, Rodrigo avaliou a produção oral dos alunos conforme os seguintes critérios: coerência, adequação lexical e inteligibilidade, e preparou atividades de intervenção para tratar dos problemas que diagnosticou. Na prova, propôs a mesma tarefa (*task repetition*) para comparar o desempenho obtido pelos alunos ao final da unidade de ensino (versão 1) e aquele alcançado posteriormente na realização da prova (versão 2), seguindo os mesmos critérios definidos para ambas as versões e explicitados previamente para a turma. Diferentemente de Luci, Rodrigo elaborou uma prova que dialoga com os conteúdos e as habilidades que desenvolveu nas aulas.

Avaliar o desempenho dos alunos com base em critérios (*criterion-referenced assessment*) significa que os resultados interessam somente ao aluno e não servem de referência ou comparação com o desempenho dos colegas. Em oposição, há avaliações referenciadas por normas (*norm-reference tests*), que são utilizadas para avaliar capacidades gerais de língua, como a compreensão em leitura, proficiência geral etc. Nesse caso, os resultados são interpretados na comparação de desempenho entre os alunos de uma mesma turma.

Vamos analisar um último caso fictício. É o da professora Juliana, que preparou uma unidade de ensino para uma turma de 8º ano com o objetivo de desenvolver a compreensão e produção de textos instrucionais, em particular regras e regulamentos para o uso de espaços coletivos. Para as suas aulas, Juliana produziu as seguintes atividades:

1. Leitura de um texto com as normas de uso da biblioteca de uma escola (texto 1) para identificar figuras de pessoas que estão infringindo as normas;
2. Leitura de um texto com as normas de uso do laboratório de informática de uma escola (texto 2) para elaborar, em português, uma tabela de multa para a infração de cada regra.
3. Releitura dos textos 1 e 2 para a listagem de regras comuns em ambos os contextos, em português.
4. Redação de duas normas para a sala de aula de língua inglesa para um consenso final da classe sobre os 10 mandamentos a serem seguidos pelo professor e alunos, em inglês.

Essas atividades conferem com o objetivo de aprendizagem que Juliana propôs para a sua unidade de ensino. Os textos escolhidos são instrucionais e se referem a regras e regulamentos. As Atividades 1, 2 e 3 são de compreensão em leitura e visam ao entendimento de informações específicas. A última atividade é de produção escrita de regras para o bom convívio em sala de aula.

Para a prova, Juliana escolheu dois textos com normas de uso da biblioteca de duas escolas diferentes e preparou as seguintes atividades:

1. Leitura de dois textos para a listagem, em português, de cinco regras consensuais (mínimo) e, ao lado dessas regras, a cópia dos fragmentos dos textos que comprovam o consenso. (5 pontos)
2. Redação de duas regras em inglês para o uso da biblioteca, diferentes das apresentadas nos textos, podendo usar o dicionário. (5 pontos)

Essas atividades estão alinhadas com os objetivos de aprendizagem e o gênero de texto que Juliana estipulou para as suas aulas. A Atividade 1 avalia a compreensão de informações específicas, que são as normas apresentadas nos textos, enquanto a Atividade 2 avalia a produção escrita em inglês. Ambas as atividades são semelhantes ao que fora realizado em sala de aula (*task-type repetition*). A diferença está nos textos. São novas leituras para os mesmos objetivos.

Para a correção da prova, Juliana definiu alguns critérios. Para a Atividade 1, os alunos teriam que identificar, pelo menos, cinco regras consensuais conforme informado no enunciado da atividade. Na Atividade 2, os critérios foram os mesmos que os utilizados nas aulas: coerência, adequação lexical e gramatical. Enquanto corrigia as provas, Juliana identificou algumas produções incoerentes para o contexto de uma biblioteca, bem como a formulação de 'avisos' em vez de 'normas', como por exemplo: "*You must not take photographs*" (incoerente); "*Use the toilet dowstair* [sic]" (aviso); "*Contact the information desk*" (aviso). Para lidar com essa problemática, Juliana selecionou alguns exemplos e elaborou as seguintes atividades de intervenção para realizá-las com a turma.

1. Leitura de uma lista de enunciados para diferenciar uma norma de um aviso (exemplares da prova e outros).
2. Leitura de algumas normas para identificar os possíveis locais onde elas podem ser aplicadas (*school, computer lab, library, club, museum*).
3. Leitura de algumas normas para corrigir problemas gramaticais (exemplares da prova e outros).

Com essas atividades, Juliana buscou conscientizar os alunos da diferença entre uma 'norma' e um 'aviso', explorar o contexto de produção do gênero 'normas' e analisar a adequação linguística na formulação de regras.

O exemplo de Juliana e o de Rodrigo mostram a importância do lado formativo e da função diagnóstica da avaliação. O diagnóstico informa o tratamento a ser realizado. As atividades de intervenção propostas por Juliana serviram para lidar com os problemas apresentados pelos alunos na prova. As atividades propostas por Rodrigo foram aplicadas depois dos resultados dos alunos na tarefa final da unidade de ensino, visando tratar dos problemas diagnosticados.

Formas de correção

Antes de abordar algumas formas de correção, é importante conhecer o conceito de 'erro' e o seu papel no processo de aprendizagem. Na perspectiva da gramática normativa, o erro é sinal de que o aluno não domina a(s) regra(s) imposta(s) pelo sistema prescritivo da língua e, por essa razão, a correção fica no âmbito do certo ou errado. Com base nessa visão, o erro deve ser evitado para não comprometer a precisão gramatical.

Sob a perspectiva da gramática descritiva, o erro é "uma forma ou construção que não faz parte, de maneira *sistemática*, de nenhuma das variantes de uma língua" (Possenti, 1998: 79). Isso significa dizer que se um aluno escrever "*wanna*" or "*gonna*" em vez de "*want to*" or "*going to*", essas formas não configuram um erro, pois elas ocorrem naturalmente na fala e na escrita de falantes de inglês, assim como a pronúncia da palavra "*route*" [u:] ou [au], que são manifestações aceitáveis em diferentes regiões/países de língua inglesa. Nesse sentido, as diferenças linguísticas devem ser respeitadas, isto é, as formas de dizer que divergem do padrão, mas que são aceitáveis no contexto social em que são proferidas. Por isso, cabe ao professor aceitar essas diferenças e informar aos alunos sobre os seus contextos de uso.

Na perspectiva da gramática internalizada, ou aqui denominada de interlíngua, o erro é visto como parte integrante do processo de aprendizagem e, portanto, uma manifestação natural. Não significa que ele deva ser ignorado pelo professor, mas é através dos erros que os alunos revelam o estágio de seu desenvolvimento linguístico. Com base nessa visão, o erro é uma construção provisória que habita a interlíngua do aluno, pois a aprendizagem é um processo dinâmico e contínuo. Portanto, ele não pode ser visto como um estigma.

Quando algum tipo de erro está presente na produção do aluno, cabe ao professor decidir como tratá-lo. Se a sua prática pedagógica se alinha a uma concepção de língua/linguagem como comunicação, como uma forma de agir socialmente, a correção deve estar voltada para os erros que comprometem a inteligibilidade (*global errors*) e a coerência. Os erros locais (*local errors*) são aqueles que não afetam a compreensão do interlocutor, podendo ser corrigidos de forma parcimoniosa.

A forma como os erros são corrigidos varia conforme a modalidade da língua – escrita ou oral. Na produção oral dos alunos, o professor pode fazer uso da correção implícita (*recast*), que consiste na reformulação parcial ou total da fala proferida, como ilustra o exemplo a seguir no momento da correção de uma atividade.

Teacher: *Which version of the fable did you like most and why? Jordan, please.*

Jordan: *I prefer more of traditional version why she is more cool for read.*

Teacher: *Ok, so you prefer the traditional version because it is cooler. And you Paula?*

Paula: *I like a version modern because it seems being indeed realist.*

Teacher: *Ok, so you liked the modern version because it seems to be more realistic. Right!*

O professor também pode optar por recolher as respostas dos alunos para fornecer *feedback* corretivo, que pode ser realizado de forma direta ou indireta. O *feedback* corretivo direto ocorre quando o professor identifica o erro, sublinhando, riscando ou circulando-o, e fornece a estrutura correta, como ilustra o exemplo a seguir.

Jordan:

I prefer ~~more of~~ **the** *traditional version* ~~why she~~ **because it** *is* ~~more cool~~ **cooler** *for* ~~read~~ **reading**.

O *feedback* corretivo indireto também localiza o erro para o aluno, mas sem fornecer a forma correta. São os próprios alunos que vão corrigir os seus erros com base nos códigos de correção ou nas recomendações metalinguísticas que o professor fornece, como mostra o exemplo a seguir.

Paula:

I like	<u>*a*</u>	<u>*version modern*</u>	*because it seems <u>being indeed</u>*	<u>*realist*</u>.
	Substituir pelo artigo definido.	Inverter a ordem das palavras.	Substituir pelo advérbio "mais".	Ir ao dicionário para rever a ortografia da palavra 'realista'

O *feedback* indireto estimula o aluno a refletir sobre o seu erro e ir em busca das formas corretas. No entanto, ele exige um bom nível de conhecimento metalinguístico por parte dos alunos, pois envolve os jargões da área da gramática formal (artigo definido/indefinido, advérbio), os quais são irrelevantes para abordagens de ensino comunicativo de língua estrangeira. Por essa razão, o *feedback* indireto pode não ser uma boa opção na correção dos erros.

A sugestão é fornecer *feedback* direto, mas antes de o professor devolver as produções/respostas corrigidas aos alunos, ele poderia selecionar algumas sentenças contendo os erros mais comuns e persistentes da classe para a elaboração de atividades de intervenção, como fez a professora Juliana, mencionada anteriormente. As atividades podem ser de adequação gramatical, que consistem em os alunos localizarem os erros e corrigi-los, podendo ser realizadas no coletivo (professor e alunos juntos) ou em grupos/pares. No primeiro caso, as sentenças são registradas no quadro com o professor assumindo o papel de questionador e mediador da interação: "*In this sentence there are two grammatical problems. What are they?*", "*What is the correct form?*", "*Why is this form correct?*" etc. A interação pode ser conduzida em inglês, português ou em ambas as línguas. No segundo caso, as sentenças são fotocopiadas e distribuídas aos grupos/pares para realizarem a correção. Os erros podem vir identificados nas sentenças, como ilustra a atividade de adequação gramatical a seguir.

The sentences below contain grammatical problems. The underlined words/expressions were used incorrectly. In pairs, rewrite the phrases to make them correct. Use the spaces provided.

I prefer the traditional version of the fable <u>why</u> <u>she</u> is <u>more cool</u> for reading.

I like <u>a version modern</u>, because it seems more realistic.

Perceba que as sentenças apresentadas são de Jordan e Paula, alunos fictícios mencionados anteriormente, e foram adaptadas para conter de um a três erros, no máximo, para não sobrecarregar os alunos com a análise de tantas informações. Depois da realização das correções e da sua discussão (com a mediação e intervenção do professor), as produções individuais dos alunos podem ser devolvidas com o *feedback* corretivo direto do professor, acompanhado de comentários construtivos e elogios: "*Good work.*"; "*Great.*"; "*Excellent.*"; "*Fine.*"; "*I know you can do better.*"; "*Next time you will overcome.*" etc. Eles ajudam na autoestima dos alunos, no automonitoramento e na apropriação de palavras e expressões na língua inglesa.

SÍNTESE

Neste capítulo, focamos no trabalho docente em sala de aula e nas oportunidades de aprendizagem criadas quando o professor faz uso da língua inglesa para conduzir os conteúdos, para interagir com a turma e para gerenciar a sala de aula por meio de comandos e falas rotineiras. Isso implica saber negociar significados na língua inglesa por meio de estratégias verbais e não verbais. Da mesma forma, é possível criar oportunidades de coparticipação dos alunos em funções tradicionalmente desempenhadas pelo professor, como convidá-los a explicar a atividade, a dirimir dúvidas, a corrigir as produções dos colegas, a fazer a chamada em inglês etc. Soma-se a isso a importância de o professor estimular a produção oral dos alunos ao propor um cartaz com frases em inglês para quando precisarem interagir com o professor.

Ainda como parte das discussões deste capítulo, retomamos a discussão sobre a função formativa e diagnóstica da avaliação, que requer a análise do desempenho dos alunos para avaliar a sua situação de aprendizagem e, se necessário, propor tratamento com atividades interventivas. Esse assunto foi explorado por meio de estudos de caso. O *feedback* direto e indireto também foram abordados e exemplificados como formas de correção dos trabalhos escritos dos alunos.

LEITURAS SUGERIDAS

FIGUEIREDO, F. J. Q de. *Semeando a interação*: a revisão dialógica de textos escritos em língua estrangeira. Goiânia: Editora da UFG, 2005.

XAVIER, R. P. A competência comunicativa do professor de inglês e a sua prática docente: três estudos de caso. *The ESPecialist*, v. 22, n. 1, pp. 1-25, 2001.

JANG, H. The practicum and its effects on the development of Korean pre-service English teachers' perceptions of teaching speaking. *Teaching English as a Second or Foreign Language Journal* (TESL-EJ), v. 27, n. 1, pp. 1-29, 2023. Disponível em: https://www.tesl-ej.org/pdf/ej105/a6.pdf. Acesso em: 14 abr. 2023.

ATIVIDADES PRÁTICAS

1. Suponha que você vai dar uma aula sobre o tema "família e suas diferentes configurações" em uma turma de 6º ano do ensino fundamental (alunos iniciantes). Para introduzir o tema, você decidiu elaborar algumas perguntas orais em inglês para a classe. Liste as perguntas que você pretende fazer e planeje a forma como vai negociar cada uma delas, caso os alunos não as compreendam. Compartilhe-as, bem como a sua proposta de negociação, com os colegas de estágio para receber *feedback*.
2. Leia as duas situações de sala de aula a seguir e, com os colegas de estágio, discuta a melhor opção metodológica para as questões apresentadas.

> **Situação 1:** Tempos atrás, Jandira anotou algumas falas rotineiras de seus alunos em interações iniciadas por eles. As falas foram vertidas para o inglês e listadas em um cartaz que foi afixado em lugar visível para toda a classe, de modo que fossem utilizadas pelos alunos no cotidiano de sala de aula. O cartaz apresentava as seguintes expressões:
>
> | Wallchart ||
> |---|---|
> | • May I go to the toilet, please?
• May I drink some water, please?
• Teacher, please.
• Can you repeat, please? | • Is my answer correct?
• What's the meaning of... in Portuguese?
• How do I say... in English?
• I've finished! |
>
> Um dia, durante a realização de uma tarefa, um aluno a chamou: "Professora, vem aqui um pouco?". Ela se aproximou e ele perguntou: "O que significa essa palavra em português?". Ela forneceu a resposta.
>
> O que Jandira poderia ter feito diferente nesta situação? Além disso, como ela deveria proceder para não dar a resposta "de graça" ao aluno? (i) Pedir a ele para buscar o significado no dicionário?; (ii) Negociar o significado da palavra?; (iii) Ajudá-lo a inferir o significado no contexto?; (iv) Pedir o significado para toda a classe? O que seria melhor fazer nesta situação e por quê?

> **Situação 2**: Roberto preparou uma aula de inglês sobre propaganda. Elaborou um conjunto de perguntas para interagir com a classe. A aula foi iniciada com a apresentação do tema ("*Today we are going to talk about advertisement*"). O professor escreveu o tema no quadro e lançou a primeira pergunta para a turma: "*What's the meaning of advertisement in Portuguese?*", mas ninguém respondeu. Como ele deveria proceder nesta situação? (i) Repetir a pergunta e nomear um aluno para responder?; (ii) Traduzir a pergunta para o português?; (iii) Dar a resposta, já que ninguém se manifestou?; (iv) Pedir o significado de cada uma das palavras da pergunta?; (v) Negociar toda a fala? O que seria melhor fazer nesta situação e por quê?

3. Leia os relatos de dois estagiários sobre a sua prática docente. O que você tem a dizer sobre cada uma das reflexões colocadas? Compartilhe as suas ideias com os colegas de estágio para uma discussão das situações apresentadas.

> **Relato 1.** "Como faltava apenas cinco minutos para o final da aula e havíamos finalizado a atividade 1, assumi que não haveria tempo suficiente para a atividade 2, apesar de estar preparada para a sua implementação, e fiquei sem saber o que fazer naquele momento. Devido à minha ansiedade, resolvi perguntar à professora supervisora o que eu deveria fazer. Foi um ato impensado, pois, como professora regente da sala, eu deveria estar pronta para tomar decisões como esta. Ainda que estivesse nervosa, dei alguns avisos para a turma e, na sequência, deixei-os sem nada para fazer, o que despertou certa agitação nos alunos, que ficaram insistindo para saírem mais cedo."

> **Relato 2.** "Na sala de aula, deve-se selecionar uma única forma (a mais simples) de se fazer esta ou aquela pergunta e abandonar as demais possibilidades (as mais complexas). Penso ser este o principal problema com que me defronto, pois não penso em calibrar a minha fala. Eu simplesmente uso a língua. Até então, quatro anos de faculdade não me haviam programado para pensar em um inglês específico para a sala de aula. Ainda que eu já tivesse me programado para restringir a minha fala às expressões planejadas no meu plano de aula, eu ainda teria que me habituar a ver o inglês de sala de aula como uma variedade diversa da variedade que me é costumeira."

4. Em pares, elabore uma prova de inglês para a professora que propôs as seguintes atividades em suas aulas.

> ***Activity 1***. *The bar graph below shows the results of an interview with kids about their favorite activities on a hot day. Analyse the information and answer the questions in Portuguese.*
>
> a. *How many kids answered the interview?*
> b. *Which activity did 60 kids prefer?*
> c. *Which activities did more than 80 kids prefer? etc.*
>
> ***Activity 2***. *In pairs, analyse the two bar graphs below and write, in English, the differences between the Americans' and Brazilians' favorite pizza toppings.*
>
> ***Activity 3***. *According to Di Roma Pizza Restaurant, last month 60 consumers ordered pepperoni and sausage pizza, 55 ordered cream cheese and bacon pizza, 45 ordered classic cheese pizza, and 25 ate vegetarian pizza. Based on this information, make a bar graph.*

Com base na prova que você e o seu colega elaboraram, responda:
a. O que a sua prova quer avaliar?
b. Qual é o objetivo de aprendizagem de cada atividade proposta?
c. Os seus objetivos estão alinhados com o que a professora desenvolveu nas aulas? Justifique.

5. Em uma unidade de ensino sobre o tema "Propaganda", um professor propôs a seguinte atividade: *Watch two video advertisements and decide on the restaurant you would like to go. Justify your answer in English.* Ele informou à classe que as respostas seriam recolhidas e corrigidas pelo estagiário. Corrija as respostas dos alunos que seguem:

> *Students' answers:*
>
> 1. *Red Robin, because a food is good.*
> 2. *Olive Garden, because have a food appearance good.*
> 3. *Red Roquin. Because hamburger is suculent is good.*
> 4. *Red Robin because onion and fries.*
> 5. *Olive Garden. Because has more kinds of food.*
> 6. *Olive Garden, because I like of food.*
> 7. *Olive Garden. Because is very good. O spaghetti is excellent and has one good service.*
> 8. *Red Robin, because have fire-grilled burger, crispy onion straws, loaded with mushrooms e melted provolone.*

Agora, responda:
a. Que forma de correção você utilizou? Justifique.
b. A que diagnóstico você chegou depois da correção?
c. Quais foram os problemas mais frequentes que você encontrou?
d. Que tratamento você daria aos problemas observados?
e. Que proposta concreta você teria para tratar esses problemas?

Bibliografia comentada

AKTEKIN, N. C.; CELEBI, H. ELT student teacher identity construction: exploring teacher roles and domains of expertise. *International Journal of Language Education*, v. 4, n. 1, pp. 113-28, 2020. Disponível em: <https://files.eric.ed.gov/fulltext/EJ1249874.pdf>. Acesso em: 12 maio 2023.

 Estudo empírico sobre a construção da identidade do professor de Inglês aprendiz, considerando os papéis que desempenha e os domínios de *expertise* de que necessita para a prática docente. Os autores partem da premissa de que o professor aprendiz constrói conhecimento e identidade por meio da prática reflexiva. Participaram do estudo 18 acadêmicos de segundo ano de um curso de formação de professores de Inglês de uma universidade turca, os quais registraram suas experiências de prática docente em diários reflexivos por duas semanas e responderam a um questionário. O texto é interessante e pode servir como base de comparação com os papéis e os domínios comuns de *expertise* que estagiários brasileiros necessitam desenvolver para a sua prática docente.

ARAGÃO, R. C.; GOMES JÚNIOR, R. C.; MENEZES, V.; BRAGA J. (org.). *Mão na massa*: ferramentas digitais para aprender e ensinar. São Paulo: Parábola, 2019. *E-book*.

 Este *e-book* apresenta uma seleção de 50 ferramentas digitais para o ensino da língua inglesa. Cada ferramenta é descrita e acompanha sugestões de uso pedagógico para a sala de aula. Na apresentação e na conclusão do livro, ressalta-se que, embora essas ferramentas possam ter vida efêmera no mundo virtual, o seu potencial é grande para promover a aprendizagem significativa de inglês com foco na produção de sentidos. A obra é um ótimo recurso para o professor avaliar o uso dessas ferramentas na sala de aula com as sugestões apresentadas ou, ainda, criar novos usos para elas.

BARBIRATO, R. de C.; SILVA, V. L. T. da (org.). *Planejamento de cursos de línguas*: traçando rotas, explorando caminhos. Campinas: Pontes, 2016.

 Neste livro, as autoras reúnem sete textos sobre o tema *planejamento* com o objetivo de ampliar o conhecimento teórico e pedagógico do professor de Inglês. Alguns textos analisam o desenvolvimento do planejamento de atividades em coleções didáticas e em uma proposta curricular para o ensino de Inglês. Outros capítulos discutem planejamentos específicos, como o baseado em tarefas e o baseado em gêneros discursivos. O tema é também abordado na sua relação com a avaliação e com os pressupostos envolvidos para a sua elaboração, particularmente para cursos de língua on-line. Sem dúvida, é uma obra que merece ser lida.

BUENDGENS-KOSTEN, J. Authenticity in CALL: three domains of 'realness'. *ReCALL*, v. 25, n. 2, pp. 272-85, 2013. Disponível em: https://www.cambridge.org/core/journals/recall/article/abs/authenticity-in-call-three-domains-ofrealness/514DD45154458BF5D7A6ED7425BED295 . Acesso em: 04 maio 2023.

Discute a noção de autenticidade no contexto de aprendizagem de língua auxiliada pelo computador (*Computer-Assisted Language Learning* – CALL) e aborda três domínios: a autenticidade cultural, funcional e linguística para defender a ideia de que a autenticidade deve residir no contexto social criado para um texto, um objeto ou uma atividade. O texto é interessante e pode ajudar o professor de Inglês a ressignificar suas atividades de ensino e aprendizagem, não somente para o contexto de CALL.

CHAVES, L. M.; MARZARI, G. Q. Língua estrangeira a alunos portadores de necessidades educacionais especiais. *Disciplinarum Scientia*. v. 18, n. 1, pp. 55-76, 2017. Disponível em: <https://periodicos.ufn.edu.br/index.php/disciplinarumCH/article/view/2177>. Acesso em: 12 maio 2023.

O artigo trata de um tema muito relevante, porém pouco estudado na literatura da área de ensino-aprendizagem de línguas estrangeiras: o processo de inclusão educacional de alunos Portadores de Necessidades Educacionais Especiais (PNEEs). O texto identifica os principais desafios dos professores de língua inglesa por meio de um questionário, que visou conhecer a sua atuação em contextos escolares marcados pela presença de PNEEs. Também aborda as metodologias utilizadas nas práticas docentes e a recepção dos conteúdos por parte dos alunos PNEEs. O artigo é bem estruturado e com bom referencial teórico-metodológico. As discussões desafiam o professor em formação inicial e em exercício a formular ideias e conceitos que possam embasar a proposição de metodologias de ensino voltadas à educação inclusiva.

JORDÃO, C. M.; FOGAÇA, F. C. Critical literacy in the English language classroom. *D.E.L.T.A.*, v. 28, n. 1, pp. 69-84, 2012. Disponível em: <https://www.scielo.br/j/delta/a/hsrcx4LBJZmLpsBjNKsVbvt/?format=pdf&lang=en>. Acesso em: 12 maio 2023.

Trata-se de um relato de experiência sobre um projeto de desenvolvimento de material didático de língua inglesa à luz do letramento crítico. O objetivo final desse projeto foi viabilizar materiais de apoio à prática pedagógica de professores de Inglês do estado do Paraná. O texto descreve as seções das unidades de ensino: (1) preparação; (2) exploração textual; (3) problematização e (4) dicas para o professor, e ressalta a necessidade de os alunos da escola básica refletirem sobre questões de cidadania. É um texto que nos desafia a relacionar letramento crítico e aprendizagem de língua inglesa.

SILVA, K. A. da; XAVIER, R. P. (org.). *Múltiplos olhares para a Base Nacional Comum Curricular* – Língua Portuguesa e Língua Inglesa. Campinas: Pontes, 2021.

Coletânea de textos que discutem a BNCC no campo das línguas (materna e estrangeira – Inglês). São 12 capítulos, mas somente 5 dedicam-se à análise das normativas para o componente curricular Língua Inglesa. Os textos que discutem esse componente apresentam boas reflexões sobre as aprendizagens essenciais e indispensáveis definidas no documento, os conceitos fundantes, a visão de letramento e de letramento digital, as expectativas e os desafios para a formação docente e o seu ensino na educação infantil. É uma obra recomendável para a discussão de seus textos em disciplinas pedagógicas e em encontros de formação docente.

XAVIER, R. P. O tempo no agir docente: algumas reflexões para a formação de professores de línguas. *Revista Brasileira de Linguística Aplicada*, v. 13, n. 4, 2013, pp. 1.085-1.106. Disponível em: <https://www.scielo.br/j/rbla/a/tHw8ZfZT4fPRKGHqyWVBFPN/?format=pdf&lang=pt>. Acesso em: 12 maio 2023.

Pesquisa que analisa as ações pedagógicas de professores de inglês em formação inicial e em exercício com base em duas leituras do tempo discutidas pelo filósofo Gilles Deleuze: Cronos e Aion. A autora analisa relatos de observação de aulas de professores em exercício, relatos de estagiários sobre o desempenho do colega em prática docente e relatos de autoavaliação de estagiários em docência supervisionada. Os dados mostraram quatro estruturas temporais nas práticas docentes: tempos desencontrados, tempos poupados, tempos desperdiçados e tempos enrijecidos. O estudo conclui que, para muitos professores, o tempo cronológico dos conteúdos e das ações planejadas é mais importante do que o tempo vivenciado no instante presente e, por essa razão, se esquecem de humanizá-lo, de dar voz e de escutar o que o aluno tem a dizer. É um belo trabalho que pode indicar caminhos para mudanças no agir docente.

_____ (org.). *Themes for teaching English*. Disponível em: <t4tenglish.ufsc.br>. Acesso em: 12 maio 2023.

Site com temas e atividades para a sala de aula de língua inglesa, destinado aos professores que trabalham na escola básica. São poucos temas que o site oferece: *comic strips*, *fables*, *movies* e *respect*, mas cada um apresenta uma boa lista de atividades elaboradas por acadêmicos do curso de Letras-Inglês da Universidade Federal de Santa Catarina (UFSC) nas disciplinas de Metodologia de Ensino e de Estágio Supervisionado. O ponto forte do site são os e-books, que podem ser baixados gratuitamente. Dois deles trazem atividades organizadas por temas, que foram desenvolvidas por bolsistas do PIBID-Inglês e pelos acadêmicos de estágio supervisionado da UFSC. Há ainda um livro teórico sobre metodologia do ensino do Inglês. Vale a pena visitá-lo.

_____ ; PEREIRA OLIVEIRA, C. L.; TEIXEIRA, G. S. (org.). Estudos sobre jogos, brincadeiras e atividades lúdicas na sala de aula de língua estrangeira. Dossiê temático. *Revista Perspectiva*, v. 38, n. 2, 2020. Disponível em: <https://periodicos.ufsc.br/index.php/perspectiva/issue/view/2934>. Acesso em: 12 maio 2023.

Dossiê que reúne estudos teóricos e empíricos sobre o tema "jogos, brincadeiras e atividades lúdicas nas aulas de língua estrangeira". São sete trabalhos ao todo. O primeiro apresenta um panorama histórico da evolução do jogo como ferramenta de ensino de língua estrangeira. O segundo trabalho problematiza o papel dos jogos digitais no ensino de língua inglesa e ressalta a sua importância na promoção do pensamento crítico dos estudantes. O terceiro estudo compara os efeitos de se jogar um jogo de simulação sozinho ou em pares na aprendizagem e na motivação de alunos iniciantes de espanhol. O texto seguinte discute duas propostas de jogos não digitais, caracterizados como jogo de movimento e jogo linguístico. O quinto trabalho analisa a percepção de universitários com relação ao uso de atividades gamificadas e não gamificadas. O penúltimo artigo aborda as experiências docentes de uma professora de inglês com o uso de atividades gamificadas. Por fim, o último trabalho descreve as características de três atividades desenvolvidas para promover a inclusão de três estudantes adolescentes nas aulas de língua estrangeira. É uma obra que amplia os horizontes sobre o tema.

WILLIS, D.; WILLIS, J. *Doing task-based teaching*. Oxford: Oxford University Press, 2007.

Traz noções básicas sobre o ensino de língua baseado em tarefas (ELBT) e explora os diferentes tipos de tarefas, suas sequências, seu *design*, parâmetros para aprimorá-las e o lugar do foco na forma. São dez capítulos com muitos exemplos de tarefas e atividades comunicativas que ajudam o professor de Inglês a refletir sobre as inúmeras possibilidades de se trabalhar na perspectiva de ensino voltado para o uso situado da língua inglesa. Vale a pena.

Referências

BAKHTIN, M. *Estética da criação verbal*. 4. ed. Trad. Paulo Bezerra e Tzvetan Todovov. São Paulo: Martins Fontes, 2003.

BARDOVI-HARLIG, K. One functional approach to second language acquisition: the concept-oriented approach. In: VANPATTEN, B.; WILLIAMS, J. (org.). *Theories in second language acquisition*: an introduction. New Jersey: Lawrence Erlbaum Associates, Publishers, 2007, pp. 57-75.

BRASIL. *Parecer CNE/CP 28/2001*. Dá nova redação ao Parecer CNE/CP 21/2001, que estabelece a duração e a carga horária dos cursos de Formação de Professores da Educação Básica, em nível superior, curso de licenciatura, de graduação plena. Brasília: MEC, 2001.

_____. *Resolução nº 2, de 1º de julho de 2015*. Define as Diretrizes Curriculares Nacionais para a formação inicial em nível superior (cursos de licenciatura, cursos de formação pedagógica para graduados e cursos de segunda licenciatura) e para a formação continuada. Brasília: MEC, 2015.

_____. Ministério da Educação. Secretaria de Educação Básica. Base nacional comum curricular. Educação é a base. Brasília: MEC/SEB, 2018.

BUENDGENS-KOSTEN, J. Authenticity. *ELT Journal*, v. 68, n. 4, pp. 457-59, 2014.

BURRUS, J.; BRENNEMAN, M. Psychosocial skills: essential components of development and achievement in K-12. In: LIPNEVICH, A. A.; PRECKEL, F.; ROBERTS, R. D. (org.). *Psychosocial skills and school systems in the 21st century: theory, research, and practice*. Switzerland: Springer International Publishing, 2016, pp. 3-27.

COSTA, P. T. J., MCCRAE, R. R. *Revised NEO personality inventory and NEO five-factor inventory*: Professional manual. Lutz, Florida: Psychological Assessment Resources, 1992.

DUNNING, D. Learning style. In: SALKIND, N. J.; RASMUSSEN, K. (org.). *Encyclopedia of educational psychology*. Los Angeles/London/ New Delhi/Singapore: Sage Publications, Inc., 2008, pp. 597-602.

ELLIS, R. Interpretation tasks for grammar teaching. *TESOL QUARTERLY*, v. 29, n. 1, pp. 87-105, 1995.

_____. *Task-based language learning and teaching*. Oxford: Oxford University Press, 2003.

ESCALANTE, R. K.; XAVIER, R. P. Alunos de escola básica e suas representações de professores. *Práxis Educativa*, v. 6, n. 2, pp. 265-76, 2011.

GESSER, A. R. *Estudo comparativo com duas sequências de tarefas focadas para o aprendizado de perguntas iniciadas com wh-words/phrases*. 2019. 224 f. Dissertação (Mestrado em Linguística) – Centro de Comunicação e Expressão, Universidade Federal de Santa Catarina, Florianópolis, 2019.

GREENALL, S. Reward. *Elementary*. Student's Book. Oxford: MacMillan Heinemann English Language Teaching, 1997.
GUARIENTO, W.; MORLEY, J. Text and task authenticity in the EFL classroom. *ELT Journal*, v. 55, n. 5, pp. 347-53, 2001.
HAGHIGHI, M. M.; JUSAN, M. M. Exploring students behavior on seating arrangements in learning environment: a review. *Procedia - Social and Behavioral Sciences*, v. 36, pp. 287-294, 2012. Disponível em: https://core.ac.uk/download/pdf/82537575.pdf. Acesso em 12 maio 2023.
HALLIDAY, M. A. K. Context of situation. In: HALLIDAY, M. A. K.; HASAN, R. *Language, context and text*: aspects of language in a social-semiotic perspective. Oxford: Oxford University Press, 1989, pp. 3-14.
IBBOTSON, P. Item-based/exemplar-based learning. In: BROOKS, P. J.; KEMPE, V. (org.). *Encyclopedia of language development*. London: SAGE, 2014, pp. 295-98.
JOHNSON, K. Writing. In: JOHNSON, K.; MORROW, K. (org.). *Communication in the classroom*. Harlow: Longman, 1981, pp. 93-107.
KRÄTZIG, G. P.; ARBUTHNOTT, K. D. Perceptual learning style and learning proficiency: a test of the hypothesis. *Journal of Educational Psychology*, v. 98, n. 1, pp. 238-46, 2006. DOI: 10.1037/0022-0663.98.1.238
LEE, W. Y. Authenticity revisited: text authenticity and learner authenticity. *ELT Journal*, v. 49, n. 4, pp. 323-28, 1995.
LITTLEWOOD, W. *Communicative language teaching*: an introduction. Cambridge: Cambridge University Press, 1981.
_____. Developing a context-sensitive pedagogy for communication-oriented language teaching. *English Teaching*, v. 68, n. 3, pp. 3-25, 2013.
LONG, M. H. *Problems in SLA*. Mahwah, NJ: Lawrence Erlbaum, 2007.
_____. *Second language acquisition and task-based language teaching*. Chichester, West Sussex: Wiley Blackwell, 2015.
MARCUSCHI, L. A. Gêneros textuais: definição e funcionalidade. In: DIONÍSIO, A. G.; MACHADO, A. R.; BEZERRA, M. A. (org.). *Gêneros textuais & ensino*. Rio de Janeiro: Lucerna, 2002, pp. 19-36.
MATZ, S.; CHAN, Y. W. F.; KOSINSKI, M. Models of personality. In: TKALČIČ, M.; DE CAROLIS, B.; GEMMIS, M. de; ODIĆ, A.; KOŠIR, A. (org.). Emotions and personality in personalized services. Models, evaluation and applications. *Springer International Publishing Switzerland*, 2016, pp. 35-54.
NUNAN, D. *Designing tasks for the communicative classroom*. Cambridge: Cambridge University Press, 1989.
PERRENOUD, P. *10 novas competência para ensinar*. Trad. Patrícia Chittoni Ramos. Porto Alegre: Artmed, 2000.
PIENEMANN, M. *Language processing and second language development* – Processibility Theory Amsterdam/Philadelphia: John Benjamins Publishing Co., 1998.
_____. An outline of processability theory and its relationship to other approaches to SLA. *Language Learning*, v. 65, n. 1, 2015, pp. 123-51.
POSSENTI, S. *Por que (não) ensinar gramática na escola*. Campinas: Mercado de Letras, 1998.
RICHARDS, J. C.; RODGERS, T. S. *Approaches and methods in language teaching*. 3. ed. Cambridge: Cambridge University Press, 2014.
ROBINSON, P. Task complexity, task difficulty, and task production: exploring interactions in a componential framework. *Applied Linguistics*, v. 22, n. 1, pp. 27–57, 2001.
_____. Criteria for classifying and sequencing pedagogic tasks. In: GARCÍA MAYO, M. del P. (org.). *Investigating tasks in formal language learning*. Clevedon, Buffalo/Toronto: Multilingual Matters, 2007, pp. 7-26.
ROGERS, K. The effects of classroom seating layouts on participation and assessment performance in a fourth grade classroom. *Journal of Learning Spaces*, v. 9, n. 1, pp. 31-41, 2020. Disponível em: https://libjournal.uncg.edu/jls/issue/view/172. Acesso em: 12 maio 2023.
ROGOWSKY, B. A.; CALHOUN, B. M.; TALLAL, P. Providing instruction based on students' learning style preferences does not improve learning. *Frontiers in Psychology*, v. 11, Article 164, pp. 1-7, 2020.
ROLDÃO, M. do C. Função docente: natureza e construção do conhecimento profissional. *Revista Brasileira de Educação*, v. 12, n. 34, pp. 94-103, 2007.
SCHMIDT, R. Attention, awareness, and individual differences in language learning. In: CHAN, W. M. et al. *Perspectives on individual characteristics and foreign language education*. Boston/Berlin: De Gruyter Mouton, 2012, pp. 27-50.
SCHNEUWLY, B.; DOLZ, J. (e colab.). *Gêneros orais e escritos na escola*. 3. ed. Trad. Roxane Rojo e Glais Sales Cordeiro. Campinas: Mercado de Letras, 2011.

SELINKER, L. Interlanguage. In: ROBINSON, P. (org.). *The Routledge encyclopedia of second language acquisition*. London/New York: Routledge Taylor/Francis Group, 2013, pp. 338-42.

SKEHAN, P. *A cognitive approach to language learning*. Oxford: Oxford University Press, 1998.

TUNES, E.; TACCA, M. C. V. R.; JÚNIOR, R. dos S. B. O professor e o ato de ensinar. *Cadernos de Pesquisa*, v. 35, n. 126, 2005, pp. 689-98. Disponível em: <http://publicacoes.fcc.org.br/index.php/cp/article/view/454/458>. Acesso em: 12 maio 2023.

UR, P. *A course in language teaching*. Cambridge: Cambridge University Press, 1991.

VANPATTEN, B. et al. Explicit information, grammatical sensitivity, and the first-noun principle: a cross-linguistic study in Processing Instruction. *The Modern Language Journal*, v. 97, n. 2, pp. 506-27, 2013.

XAVIER, R. P. *A aprendizagem em um programa temático de língua estrangeira (Inglês) baseado em tarefas em contextos de 5ª série do ensino fundamental*. 1999. 548 f. Volumes I e II. Tese (Doutorado em Linguística Aplicada) – Instituto de Estudos da Linguagem, Universidade Estadual de Campinas, Campinas, v. 1, 1999.

_____; MEURER, J. L. Writing exercises and tasks as a genre. *Anais do 4º Simpósio Internacional de Estudos de Gêneros Textuais em CD*, Tubarão, 2007, pp. 287-99.

_____. A multiplicidade de percepções na relação entre estagiários, professores, alunos e administradores escolares. In: SEARA, I. C. et al. (org.). *Práticas pedagógicas e estágios*. Florianópolis: Letras Contemporâneas, 2008, pp. 177-99.

_____. Ensinar e aprender língua estrangeira na contemporaneidade. *Contexturas*, São José do Rio Preto: APLIESP, n. 17, 2010, pp. 75-94.

_____. (org.). *Themes for teaching English*. Volume 2. Florianópolis: UFSC/CED/NUP, 2015. Disponível em: <t4tenglish.ufsc.br>. Acesso em: 12 maio 2023.

_____. Elementos básicos para a textualização de atividades de ensino de língua estrangeira. In: FUZA, A. F.; ACOSTA PEREIRA, R.; RODRIGUES, R. H. *Pesquisas em linguística aplicada e práticas de linguagem*. Campinas: Pontes, 2020, pp. 93-114.

_____; GESSER, A. R. The role of a consciousness-raising task in a focused-task sequence. *Revista da Anpoll*, v. 53, n. 1, p. 78-98, 2022.

WILLIS, D.; WILLIS, J. *Doing task-based teaching*. Oxford: Oxford University Press, 2007.

A autora

Rosely P. Xavier é professora titular aposentada da Universidade Federal de Santa Catarina, onde colabora com o Programa de Pós-Graduação em Linguística, na linha de pesquisa Ensino e Aprendizagem de Línguas. Na mesma instituição, atuou no Curso de Licenciatura em Letras-Inglês nas disciplinas de Metodologia de Ensino e Estágios Supervisionados e nos programas de pós-graduação em Educação e em Linguística (mestrado e doutorado). Possui doutorado em Linguística Aplicada pela Universidade Estadual de Campinas.

COMITÊ EDITORIAL DA COLEÇÃO LINGUAGEM NA UNIVERSIDADE

Adail Sebastião Rodrigues-Júnior (UFOP)

Adail Sobral (UFRGS)

Adauto Locatelli Taufer (UFRGS)

Adja Balbino de Amorim Barbieri Durão (UFSC)

Adriana Cristina Sambugaro de Mattos Brahim (UFPR)

Ana Beatriz Barbosa de Souza (UFG)

Ana Dilma Almeida (UniProjeção)

Ana Elisa Ribeiro (CEFET-MG)

Ana Maria Welp (UFRGS)

Ana Suelly Arruda Câmara Cabral (UnB)

Anderson Carnin (Unisinos)

Angela Brambilla Cavenaghi T. Lessa (PUC-SP)

Antonieta Heyden Megale (Unifesp)

Aparecida de Jesus Ferreira (UEPG)

Atilio Butturi (UFSC)

Beth Brait (PUC-SP)

Bruna Quartarolo Vargas (UFPR)

Camila Haus (UFRGS)

Camila Höfling (UFSCr)

Carla Conti de Freitas (UEG)

Carla Reichmann (UFPB)

Carla Viana Coscarelli (UFMG)

Carlos José Lírio (Unifesp)

Cátia Martins (York University)

Christine Almeida (UFES)

Clécio dos Santos Bunzen Jr. (UFPE)

Cleidimar Aparecida Mendonça e Silva (UFG)

Clezio Gonçalves (UFPE)

Cloris Porto Torquato (UFPR)

Cristiane Soares (Harvard University)

Cyntia Bailer (FURB)

Dánie Marcelo de Jesus (UFMT)

Daniela Fávero Netto (UFRGS)

Daniela Vieira (PUC-SP)

Dayane Celestino de Almeida (Unicamp)

Denise Hibarino (UFPR)

Dilys Karen Rees (UFG)

Diógenes Lima (UESB)

Dóris Cristina V. S. Santos (UFPR)

Dorotea Frank Kersch (Unisinos)

Eduardo Diniz de Figueiredo (UFPR)

Elaine Mateus (UEL)

Eliana Merlin Deganutti de Barros (UENP)

Eliane F. Azzari (PUC-Campinas)

Eliane Lousada (USP)

Érica Lima (Unicamp)

Eulalia Leurquin (UFC)

Fabíola Ap. Sartin Dutra Parreira Almeida (Catalão)

Fernanda de Castro Modl (UESB)

Fernanda Ferreira (Bridgewater University, EUA)

Fernanda Liberali (PUC-SP)

Fidel Armando Cañas Chávez (UnB)

Florência Miranda (Universidad Nacional de Rosario/Argentina)

Francisco Fogaça (UFPR)

Gabriel Nascimento (UFSB)

Gabriela Veronelli (Universidad Nacional de San Martin/Argentina)

Gasperim Ramalho de Souza (UFPLA)

Gisele dos S. da Silva (UFPR)

Grassinete C. de Albuquerque Oliveira (UFA)

Gustavo Lima (UFC)

Helenice Joviano Roque-de-Faria (Unemat)

Heliana Mello (UFMG)

Heloisa Albuquerque-Costa (USP)

Helvio Frank de Oliveira (UEG)

Ismara Tasso (UEM)

Ivani Rodrigues Silva (Unicamp)

Jhuliane Silva (UFOP)

João Xavier (CEFET-MG)

José Marcelo Freitas de Luna (Univali)

Junot de Oliveira Maia (UFMG)

Leosmar Aparecido da Silva (UEG)

Letícia J. Storto (UENP)

Lucas Araujo Chagas (UEMS)

Lúcia de Fátima Santos (UFBLA)

Luciani Salcedo de Oliveira (Unipampa)

Mailce Borges Mota (UFSC)

Marcia Veirano Pinto (Unifesp)

Maria Amália Vargas Façanha (UFS)

Maria Carmen Gomes (UnB)

María del Pilar Tobar Acosta (IFB)

Mariana Mastrella-de-Andrade (UnB)

Maximina M. Freire (PUC-SP)

Nanci Araújo Bento (UFBA)

Nara Takaki (UFMS)

Nayibe Rosado (Universiddad del Norte-Barranquila, Colômbia)

Paulo Boa Sorte (UFS)

Paulo Roberto Massaro (USP)

Raquel Bambirra (CEFET-MG)

Reinaldo Ferreira Da Silva (UNEB)

Roberval Teixeira e Silva (Macau University)

Rodrigo Camargo Aragão (UESC)

Rogério Tílio (UFRJ)

Rosana Helena Nunes (Fatec/UnB)

Samuel de Carvalho Lima (IFRN)

Sandra Regina Buttros Gattolin (UFSCar)

Shelton Souza (UFC)

Simone Batista (UFRRJ)

Simone Sarmento (UFRGS)

Socorro Cláudia Tavares (UFPB)

Solange Maria Barros (UFMT)

Soledad Oregoni (Universidad Nacional de Quilmes)

Sueli Salles Fidalgo (Unifesp)

Suellen Thomaz de Aquino Martins (UFSB)

Tamara Angélica Brudna da Rosa (IFFaroupilha)

Tânia Ferreira Rezende (UFG)

Vanessa Ribas Fialho (UFSM)

Vania Cristina Casseb-Galvão (UFG)

Vera Lúcia Lopes Cristovão (UEL)

Viviane Bengezen (UFCAT)

Wilmar D'Angelis (Unicamp)

LEIA MAIS

PRONÚNCIA DO INGLÊS
para falantes do português brasileiro

Thaïs Cristófaro Silva

Dominar a pronúncia é um dos maiores desafios que enfrentamos ao aprender uma língua estrangeira. Precisamos conseguir ouvir, compreender e reproduzir sons que não fazem parte da nossa língua materna para adquirir fluência plena em outro idioma. E fluência é o que se espera hoje quando o assunto é o inglês. Esta obra, destinada aos falantes do português brasileiro, apresenta de forma clara e didática o sistema de sons do inglês britânico e americano.

Com o objetivo de atingir aprendizes de qualquer nível de ensino – do básico ao avançado –, Thaïs Cristófaro Silva mostra ao leitor o funcionamento da pronúncia da língua inglesa, destacando os aspectos verdadeiramente relevantes para os brasileiros que aprendem esse idioma. O livro inclui diversos exercícios, com respostas, para que o leitor consiga praticar a sua pronúncia e se aperfeiçoar, por fim, na comunicação com falantes do inglês.

CADASTRE-SE
EM NOSSO SITE, FIQUE POR DENTRO DAS NOVIDADES E APROVEITE OS MELHORES DESCONTOS

LIVROS NAS ÁREAS DE:

História | Língua Portuguesa
Educação | Geografia | Comunicação
Relações Internacionais | Ciências Sociais
Formação de professor | Interesse geral

ou
editoracontexto.com.br/newscontexto

Siga a Contexto
nas Redes Sociais:
@editoracontexto

GRÁFICA PAYM
Tel. [11] 4392-3344
paym@graficapaym.com.br